ワードマップ

TEA 理論編

複線径路等至性アプローチの基礎を学ぶ

安田裕子・滑田明暢
福田茉莉・サトウタツヤ 編

新曜社

まえがき

あなたとともにあるTEAとその未来

複線径路等至性モデル（TEM）という新しい質的研究法が提案されて10年が経過した。本書『ワードマップ TEA 実践編』と同時刊行されるその姉妹本『ワードマップ TEA 理論編』には、TEMが複線径路等至性アプローチ（TEA）として発達してきた10年間が集約されている。2冊の『ワードマップ TEA』では、国内外を含め40名を越える研究者や実務家に執筆していただいた。このことは、TEAがこの10年間に、理論的にも方法論的にも大きく進展し、また、研究の営みのなかで日々新たに概念や考え方が発展してきたことの証明でもある。その飛躍的な発展は、TEAの多様性と濃厚な議論展開を前に、出版社が分冊化を英断してしまったほどである（新曜社さま、ありがとうございます）。それは編者にとってもうれしい悲鳴であったが、若干泣きたい。

このような経緯で『ワードマップ TEA』は【理論編】と【実践編】が一体として構成されており、【理論編】では複線径路等至性アプローチ（TEA）の根幹となる理論と方法論の枠組みが説明されている。

第Ⅰ部「TEAの基本と理論的背景」では、TEA研究を先導してきた研究者がT

EAの背景にある基本的な考え方や概念について、これまでの展開を凝縮させつつわかりやすく解説している。第1章では、TEAという文化心理学の新しい方法論の体系について、時間の扱い方やシステムという見方、質的研究における布置などといった観点から論じられている。そして、第2章では、TEMの基本的な概念の解説をもとに、概念ツールを介した分析のヒントが述べられている。

続く第Ⅱ部「TEAのメソドロジー」では、他の質的研究法からみたTEAや未来的展望に基づくTEAの応用可能性に関する議論が展開されている。第3章では、気鋭の理論研究者諸賢からTEMおよびTEAのもつ可能性とその限界についての論評をしていただいた。第4章では、TEAにかかわる海外研究者の新たな研究実践が、サトウタツヤ・滑田明暢による監訳のもとで紹介されている。TEAのグローバルな展開にも触れていただけるだろう。第5章では、TEAの特徴であるプロセスの把握やオープンシステムに基づく人間の理解に焦点をあて、類似する研究実践に従事する執筆者により、あらためてTEAの位置づけが明らかにされている。そして、第6章では、臨床的実践と質的研究法、ないしは、質的研究法と量的研究法のあいだを往来する研究に従事する研究者によって、これからのTEAの応用可能性について言及されている。

【理論編】では、TEAとTEAにまつわる概念をキーワードに、研究者の多種多様な視点から――極めて個人的な視点を含めて――、TEAについて議論されている。これは、ＴＥＡがオープンな視点から、さまざまな理論や方法論、認識論、研究実践、研究者自身とのつながりのうえに発展してきたアプローチであることを如実に示しており、またＴＥＡの発達プロセスをＴＥＡとして捉えた先駆者たちの実践でもある。したがって、【理論編】を読むと、「いったいＴＥＡとは何なのか」という疑問が改めて浮かぶかもしれない。しかし、それでよいのである。

ＴＥＡを簡潔に述べるならば、個人の人生径路を可視化する研究法や人間の様態をオープンシステムに基づき記述するための分析ツールであり、個人の実存にアプローチするための文化心理学的な理論とも言える。あるいは、日本から発信する質的研究法のひとつと言うこともできる。どれもＴＥＡについて正しく述べており、どれもが等至点となりえるだろう。しかしいずれの見方も、ＴＥＡのすべてを表してはいない。

ＴＥＡにおける等至点は、いま‐ここにいる研究者の実践とともに、ＺＯＦ《ゾフ》（Zone of Finality：等至点の幅）であり続け、常に複数の等至点を設定することが可能である。だから、複数ある等至点のなかのひとつを設定するのは読み手である「あなた」でなくてはならない。ＴＥＡとは何かという疑問は、「ＴＥＡの等至点はどこか」というあらたな問いを発生させ、きっとあなたを新しい研究活動へと誘ってくれるだろう。本書のなかでもとりわけ心惹かれる箇所をみつけ、そこを等至点と設定してみよう。それにより、あなたの研究活動はＴＥＡと融合し、また新たな局面を迎えるだろう。

興味ある議論を追及してもよいし、自分なりにカスタマイズしてもよい。

そして姉妹本【実践編】では、ＴＥＡを実際に使用する方々のために、どのように分析ツールとして使用すればよいのかが、興味深い研究の数々とともに紹介されている。ＴＥＡを使いたいという方はぜひ、本書【理論編】とあわせて【実践編】をご一読いただきたい。

私たちは本書ならびにＴＥＡが、あなたの研究活動の促進的記号として機能することを願っている。10年後には、ＴＥＡに関する新たな未来への展望が拡がり、また新たな概念や理論が、── 等至点でさえも ── 発達しているだろう。そのときは、あなたもまたＴＥＡの発達プロセスの一部として、ひとつの記号として、このつながりに参画していることを望んでいる。

２０１５年2月

福田茉莉

TEA理論編——目次

第Ⅰ部　TEAの基本と理論的背景

第Ⅱ部　TEAというメソドロジー

3章　TEMの評論、評論としてのTEM　55

4章　海外のTEM研究　79

装幀＝加藤光太郎

第Ⅰ部　TEAの基本と理論的背景

1章

TEAというアプローチ

1-1 複線径路等至性アプローチ（TEA）

TEM、HSI、TLMG

■複線径路等至性アプローチ（TEA）

複線径路等至性アプローチ（Trajectory Equifinality Approach：TEA）は**複線径路等至性モデル**（Trajectory Equifinality Model：TEM）から発展した総合的なアプローチであり、本のタイトルになるのは今回が初めてである。

TEAは文化心理学の新しい方法論の体系を提唱するものである。ここで文化心理学とは、比較文化心理学のように異なる複数の文化を相互排他的で独立所与の存在として比較するのではなく、生を享けた個人がその環境の中で生命を維持し生活し人生をまっとうするために記号を取り入れつつ生きていくプロセスを描く、心理学的試みのことを指す[1]。

TEAは**複線径路等至性モデル**（TEM）、**歴史的構造化ご招待**（Historically Structured Inviting：HSI）、**発生の三層モデル**（Three Layers Model of Genesis：TLMG）を統合・統括する考え方である（図1-1）。

[1] Sato, T., Yasuda, Y., Kanzaki, M., & Valsiner, J. 2014 From Describing to Reconstructing Life Trajectories: How the TEA (Trajectory Equifinality Approach) explicates context-dependent human phenomena. Wagoner B., Chaudhary, N. & Hviid, P. (Eds.). *Culture Psychology and its Future: Complementarity in a new key*. Information Age Publishing pp. 93-104 の Figure 2.

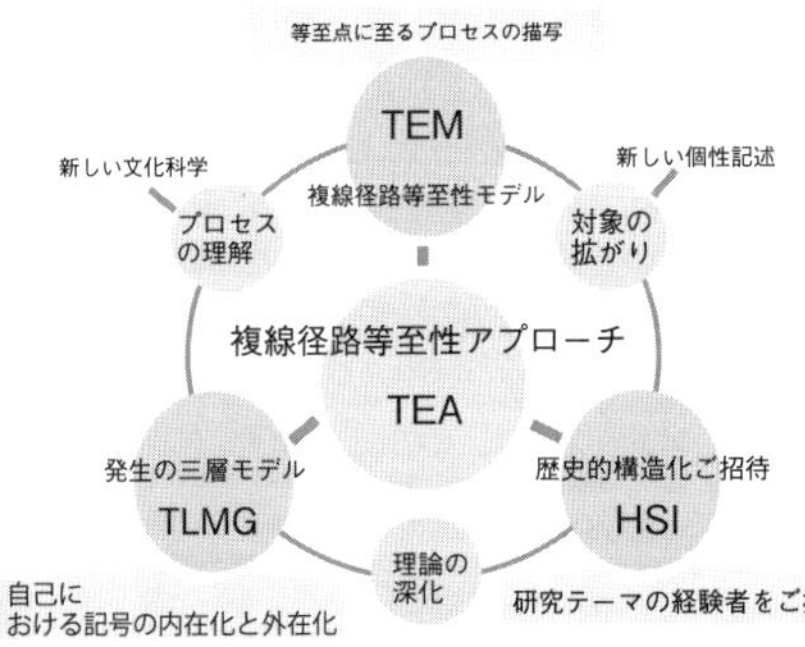

図1-1 TEAの3つの要素 ―TEM、HSI、TLMG

■等至点（ＥＦＰ）——理念的側面と方法論的側面

理念的側面から語れば、**等至点**（Equifinality Point：**ＥＦＰ**）はＴＥＭのみならずＴＥＡの根幹をなす概念である。この等至点という概念は、ベルタランフィ[2]によるシステム論の開放系（オープンシステム）は等至性をもつ、というテーゼに依拠しているのであり、ひとつのゴール・目標に対して複数の異なる径路を想定しうる、ということを表している（図１-２）。なお、この等至性概念は、生物学者であり新生気論(Neo-vitalism)を唱えたとされるドリーシュに由来している[3]。生命体の生活において「同じ状態から始まり同じ目的が達成される」時でも複数の方法がとられうることに注目してそれを等至性と呼んだのである。これは生命の維持や生活において何らかの障害が生じたときに回復や補償が柔軟に可能であることを意味している。

等至点に至る複数径路を描く方法がＴＥＭである。そして、方法論的側面からみるならば、第一に等至点とは、研究の目の付け所であり、研究テーマを明確にしてくれるものである。研究者が興味をもった等至点的なイベントを実際に経験している実在の人をお招きして、その話を聞くという手続きが**歴史的構造化ご招待（ＨＳＩ）**である。そして、聞かせていただいた「等至点に至るまでの経過」を、ＴＥＡに関する概念ツールを使って径路を描くのがＴＥＭなのである。

ここで問題になりがちなのは、分析途上で、最初に考えていた等至点とは異なる等至点がみえてくることである。ただし、これはオカシナことでも問題視すべき忌まわ

[2] Bertalanffy, L. von 1968 *General system theory*. New York: George Braziller.（長野敬・太田邦昌（訳）1973『一般システム理論——その基礎・発展・応用』みすず書房）

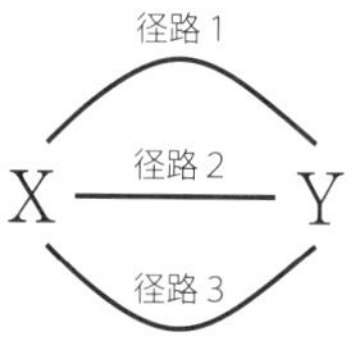

図１-２　分岐点（Ｘ）と等至点（Ｙ）

[3] Driesch, H. 1908 *The Science and Philosophy of the Organism*, 2 vols. London: Adam & Charles Black. (vol. I, p.159).

しいことでもなく、歓迎されるべきことである。なぜなら、最初に研究者が設定した等至点は、研究前の視点の反映でしかないものだからである。実際に人に話を聞いてから等至点を変えた方がよいと思って、異なる等至点を設定したくなるとすれば、それは失敗を意味するのではなく、むしろ研究者が成長した証であるとさえ言える。

つまり、方法論的側面からみた等至点には2つの意味がある。まず、研究者の興味・関心、HSIのための「手がかり」としての等至点である。自分の興味を研究に乗せるという意味では、**促進的記号**[4]（Promoter Sign）と言えるかもしれない。いずれにせよ極めて重要な目の付け所、のようなものである。次に、分析によって析出されたものとしての等至点である。実際に人から話を聞いてみれば、等至点に至る経緯は研究者自身が考えたほど単純ではないことがわかる。つまり、研究の当初に設定した等至点は、あくまで外部の研究者目線だったのである。面接と分析を通じて、（研究者ではなく）相手にとって意味のある等至点が設定できるようになるのである。

なお、等至点には、その等至点と対極の意味をもつ**両極化した等至点**（Polarized EFP：P－EFP）」を設定することが重要となる。等至点と両極化した等至点の軸（次元）を時間の軸と直交させることによって、2つの次元を定義することがTEMの特徴である。両極化した等至点は、最初、設定された等至点の論理的補集合として仮定するしかないが、分析を通じて意味のある両極化した等至点が設定できるようになるし、それこそがTEM的な**飽和**（saturation）[5]なのである。

[4] 個人的な価値思考として深く内化され個人に作用する記号のこと（Valsiner, 2007）。何かを指示したり代表したりするという静的な記号ではなく、個人の判断や行為をガイドする未来志向的な動的な記号である。

Valsiner, J. 2007 *Culture in minds and societies: Foundations of cultural psychology.* New Delhi: Sage.（サトウタツヤ（監訳）2013『新しい文化心理学の構築――〈心と社会〉の中の文化』新曜社）

[5]「1-5 TEM的飽和」を参照。

たとえば、関西に住む高校生の「夏休みにディズニーランドに行く」ということの論理的補集合はディズニーランドに行かない、ということでしかない。しかし、単なる補集合の設定は「ディズニーランドに行く」ということを理解するための意味を増分させない。分析の初期はこうした補集合設定しかできないとしても、「意味のある」両極化した等至点を設定することができれば、さらに納得のいく分析となる。「家族で関西圏の行楽地に出かけ、車で渋滞に巻き込まれながら過ごす夏休み」が両極化した等至点であるかもしれない。そうであれば、もともとの「ディズニーランドに行く」ということは「電車で移動して家族でホテルに泊まる」ということを含意しているということがわかり、豊かな意味を読み取ることができる。

逆接的に言えば、等至点の意味づけが豊かになるような「両極化した等至点」の設定こそが、TEMの重要なポイントなのである（表1－1）。

■発生の三層モデル（TLMG）

等至点の前には、いくつかの径路の分かれ道が存在する。あるいは突然新しい選択肢が現れたりする。それが**分岐点**（Bifurcation Point: BFP）である。分岐点においては、新しい促進的記号が発生していると考えられる。促進的記号の発生が人を新しい選択肢へと誘うのである。**発生の三層モデル**（TLMG）は、TEAにおける「自己のモデル」であり、三層の山のようなものを想定する。中心の第3層は価値、第2

表1-1　等至点の意義

理念的側面……	開放系は複線径路をもち、複線径路の収束点が等至点
方法論的側面…	研究の最初の目の付け所としての等至点
	経験者のライフストーリーに意味づけられた等至点

層は記号、第1層は行為、の層を意味する。そして第2層において促進的記号が発生すると考えるのである。

　このモデルを援用するなら、まさに第2層（真ん中の層）の部分で記号が発生することが、分岐点にほかならない。逆から言えば、分岐点とは、関連情報の内化が第2層に到達し、促進的記号が発生することである。発生の三層モデルによって、TEAは自己モデルを手に入れたのである（図1－3、1－4[6]）。

〔サトウタツヤ〕

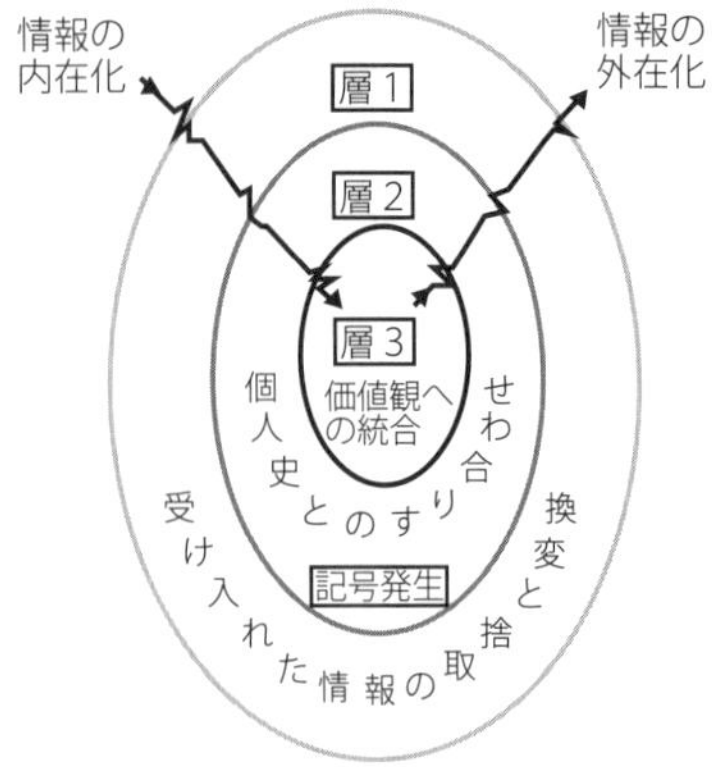

図1-3　発生の三層モデル（上から）

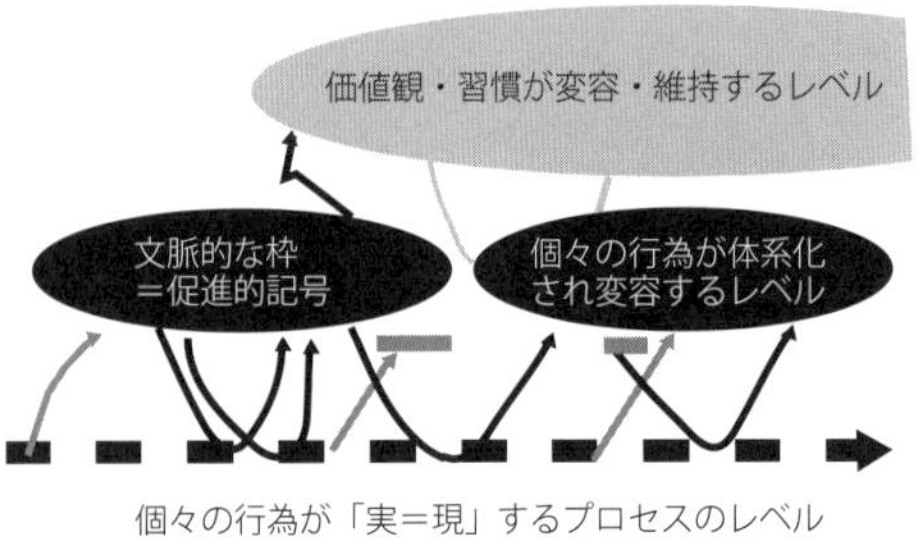

図1-4　発生の三層モデル（横から）

[6] 図1・3と図1・4の関係は、図1・3が上から見た俯瞰図であり、図1・4は横から見た断面図という関係である。したがって、図1・4における、個々の行為が「実＝現」するレベルというのは、図1・3における層1に対応する。受け入れた情報を取捨選択したり変換したりしながら、何か行為を行っているのが層1だということを示している。そのうちのいくつかの情報は層2へと到達することができ、また、そのうちのいくつかが層3へと到達して価値変容を起こすということを、この2つのモデルで示しているのである。

■参考書
ルートヴィヒ・フォン・ベルタランフィ／長野敬・太田邦昌（訳）1973『一般システム理論――その基礎・発展・応用』みすず書房

1-2 TEAにおける時間概念

時間の2つの次元

■構造とプロセス

TEA（複線径路等至性アプローチ）は時間を捨象せずに人生の理解を可能にしようとする文化心理学の新しいアプローチである。構造（ストラクチャー）ではなく、過程（プロセス）を理解しようというアプローチである。

日本でよく知られた質的研究法に、GTA（グラウンデッド・セオリー・アプローチ）とKJ法があるが、これらはいずれもデータから構造を導き出す手法にほかならない（これらの手法を用いた＊＊のプロセスの研究というタイトルも存在するが、それらはプロセスの構造を示したものにすぎない）。

それに対してTEAは、プロセスを描くためにさまざまな工夫をこらしている。もちろん、構造を理解するかプロセスを理解するかのどちらかが優れているわけではなく、必要に応じて使い分けるべきであろう。

TEAではプロセスを描く基本に、**非可逆的時間**（Irreversible Time）という考え方を置く。この非可逆的時間という概念は哲学者ベルクソンに由来する。彼は時間を空間のような実在として捉えてはならないと喝破した。このことを踏まえれば、時間軸上を人間が歩いていくようなモデルではなく、**人間が時間とともにあるようなモデル**をつくる必要があるだろう。

■異なる2つの時間

時間の扱い方については、2種類あると言われている。

まず、物理的時間のような意味での時間である。時計で計時できる時間（クロックタイム）であり、ゼロ秒を定義することが可能なものである。そして2秒の倍は4秒、1年の倍は2年、というように計算できると考える。時間が人間とは独立に存在するように扱い、時間を縦横高さの3次元に次ぐ4次元目として扱うような捉え方である。そしてもうひとつが、生体のライフ（生命・生活・人生）と本質的に関連する時間である。

哲学者ベルクソン[1]は、それを「純粋持続」と呼んだ。

金森[2]によれば、「それ（純粋持続のこと=筆者注）は空間とは違い、単位ももたず、互いに並列可能でもなく、互いに外在的でもない。（略）数直線とは違い、それは原理的に後先を指定することが難しく、順序構造をもたない。また可逆性ももたない。それは量的で数的な多様性ではなく、質的な多様性」なのである。持続とは無限の過去から無限の未来へのムーヴである。このように捉える時間にはゼロ秒という観念を想起することができないから、その意味でも計測可能な時間ではないと言える。

[1] Bergson, H. 1889 *Essai sur les données immédiates de la conscience.* Paris: F. Alcan.（中村文郎（訳）2001『時間と自由』岩波書店）

[2] 金森修 2003『ベルクソン——人は過去の奴隷なのだろうか』NHK出版

■間と刻、あるいは橘と桜、あるいはカイロスとクロノス

多くの言語が、物理的に測定可能な時間と生きられた時間を区別しようとする視点をもっている。日本語においてどのようになっているかみてみよう。私たちの生活になじみのある時刻表と時間割は、よく考えてみると含蓄深いものがある。バスや電車が来る時を刻むのが時刻表、本来区切られることなく流れている時間を割るのが時間割なのである。

時を刻むとその間を測ることが可能になる。刻むからこそ、計測できるのである。刻まない時間は、時「間」である。間という語は英語で duration と表現することができる。つまり、ベルクソンの言うところの「durée」であると考えられるから、時「間」とは充満した時の流れそのものである。そして、時「間」は測ることができない。

もうひとつ例を出してみよう。桃の節句の雛飾りには、2種類の植物が飾られている。「右近の橘、左近の桜」と呼ぶということはなんとなく耳にしたことがあるだろう。ひな壇の親王から見て右に橘、左に桜が置かれている。問題は、なぜ橘と桜なのか、ということである。これは雛飾りだけではなく、京都御所紫宸殿《ししんでん》や平安神宮などでも、この2つの樹木が植えられている（実際に橘と桜が対になっている）のだが、この対は何を意味しているのだろうか？

桜は多くの日本人が理解しているように、その咲き方、散り方から、刹那を表象す

[3] 次ページの図1-5はサトウ（2009）の図6-5（p.186）を改変したものである。
サトウタツヤ（編著）2009『TEMではじめる質的研究——時間とプロセスを扱う研究をめざして』誠信書房

るものである。一方で、橘は常緑樹であり、永遠を表象するものである。つまり、この2つの植物は、日本的な時間のあり方——時間の立ち上がる瞬間と永久に流れる時間——を表象しているのである。

ギリシア語の「時」を表わす言葉にはΚαιρός（カイロス）とΧρόνος（クロノス）の2つがある。後者はクロノトープなどの語源ともなったもので、時計で測ることの「時間」を指している。それに対して前者は、機会（チャンス）を意味する特別な時——神が与えた機会——のような意味をもつ。つまり、後者は時計で計る時間であり、前者はそうではなく、個人にとっての重大な時を意味する。

■ＴＥＭにおける「間」と「刻」

さて、ＴＥＭではひとつの次元（ここでは水平方向）に矢印（→）をひくことによって永遠の意味の時間、すなわち、**非可逆的時間**を表している（図１－５）[3]。この際、矢印は方向性を示しているのではなく、視覚上の工夫として持続を表しているのである。このような時間の扱いや表し方は、私たちが日常経験する時間から長さを捨象して、順序性のみを保持したとして理解されるかもしれないが、

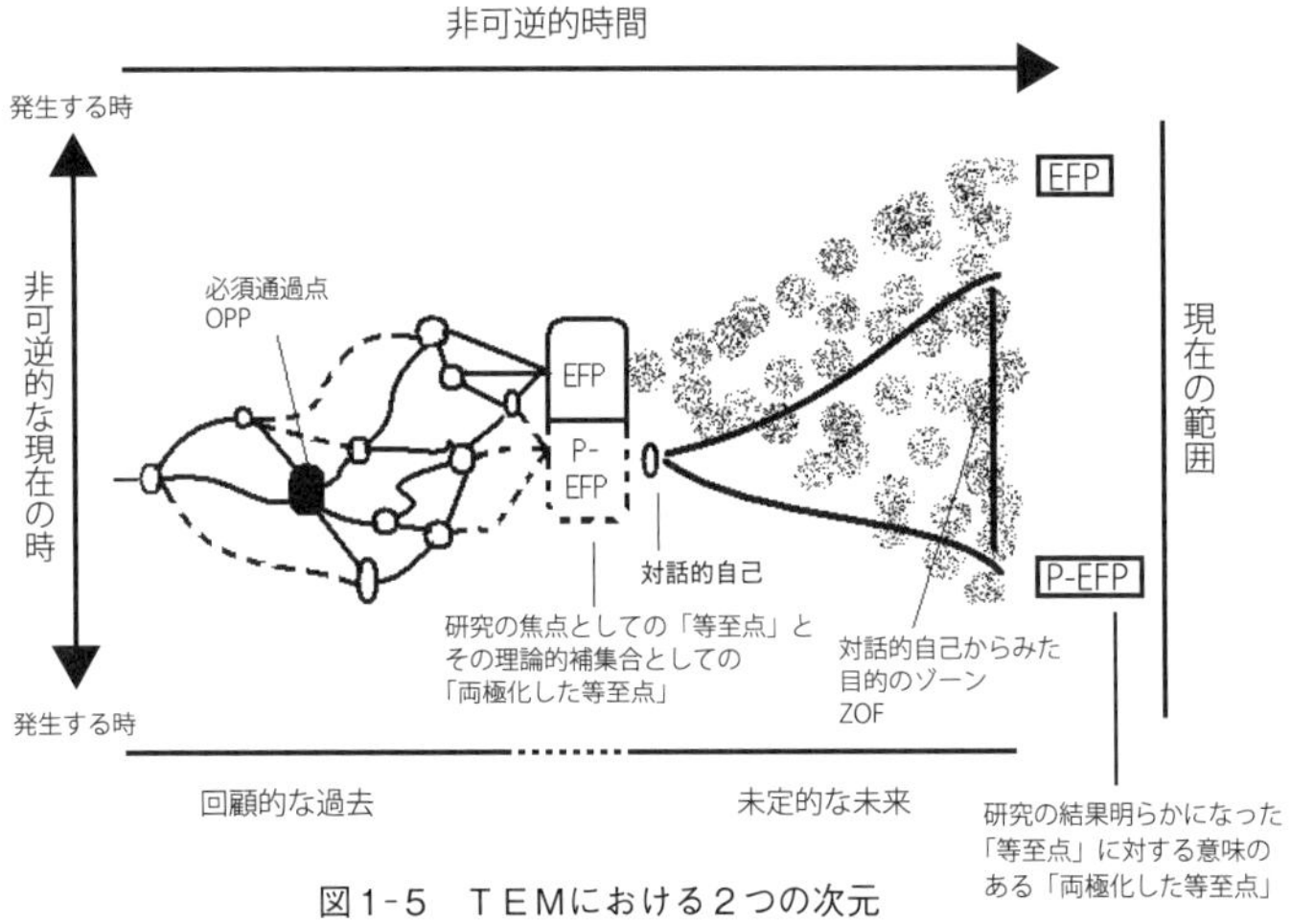

図1-5　ＴＥＭにおける２つの次元

必ずしもそうではない[4]。また、何らかの基準線を表現しているわけではない。図には左から右へと非可逆的時間を示す矢印のみがあるだけで、具体的な時間の長さを書き入れない。時間を単位化したりせず、ただ質的に持続しているということのみが重要だということを示している。

なお、図の縦の次元は人間から見た場合の選択肢や径路の多様性を表している。ある選択肢を選んだ場合に、同様の状態にとどまるにせよ他の状態に移行するにせよ、質としての時間が経過しているということ（つまり持続）を示しているのである。

人間には、ある時間にはある特定の場所である行為しかできないという実存的性質がある。あるひとつの選択をした後に、それを取り消して他の選択肢をとったとしても、時間は戻らず、最初の時点から時間が経過しているのである。TEMによる時間の表し方は時間を空間的に表しているのではなく、選択肢を空間的に示す際に非可逆的時間を描いておくことで、ベルクソンの意図する時間の持続性を表現しようとするものなのである[5]。

そして、もうひとつの縦の軸は、生成の次元を表している。何かが立ち上がり、刻まれる時なのである。

永遠と刹那、あるいは、持続と生成を描くこと、それを通じて時間とともにあるライフのあり方（Life =生命・生活・人生）を考えるのがTEM、ひいてはTEAの基本だと言えるのである。

〔サトウタツヤ〕

[4] TEMの図には→で時間が表されている。もちろん、矢印（→）は時間を空間的に表すものではなく、単位化せず非可逆なものとして扱うということを示している。時計で計測可能な時間ではなく、持続的かつ生きられた時間を表象するのである。

[5] 時間は行きつ戻りつあるとか、歴史は繰り返す、というような言い方が可能であることは承知しているし、特にナラティヴという様式にとっては重要な表現であろうが、TEMにおいてはそのような考え方を採らない、ということである。

■参考書

金森修 2003『ベルクソン――人は過去の奴隷なのだろうか』NHK出版

1-3 開放システムと形態維持

■開放系と閉鎖系

ＴＥＡは、システム論、特にベルタランフィのシステム論[1]に依拠している。彼は系（システム）を**開放系（オープンシステム）**と**閉鎖系（クローズドシステム）**に二分した。開放系とは、その外部とさまざまな相互作用をする系（システム）であり、最終状態が初期状態から一義的に定まらず、複数の多様な径路を経由しても同じ結果が実現する（**等至性**）。そして、この最終状態が**等至点**（ＥＦＰ）である。この等至性の概念は、生物学者であり新生気論者でもあるドリーシュに由来し、その後ベルタランフィがシステム論に取り入れたものである。

ベルタランフィのシステム論は、開放システムは等至性をもつことを仮定している。つまり、因果関係をビリヤードの玉突きの連鎖のような一直線の関係で捉えるのではなく、ある結果が生じる過程に複数の可能性を許容しているのが等至性という考え方なのだと言うこともできる。

したがってＴＥＡにおいても、人間を――環境から孤立した閉鎖システムとしてで

[1] Bertalanffy, L. von 1968 *General system theory.* New York: George Braziller.（長野敬・太田邦昌（訳）1973『一般システム理論――その基礎・発展・応用』みすず書房）

はなく――環境と常に交流・相互作用している開放システムとして捉えるのである。

■開放系としての人間

筆者が開放システムの例として取り上げてよく言及するのは、光合成のプロセスである（図1-6）。このプロセスはカルビン・ベンソン回路としてさまざまな教科書に掲載されており、おなじみのものであろう。[2] 単純に言えば、二酸化炭素と光を取り入れ水を分解してエネルギーを作り、そして酸素を出す、というのが植物の葉で行われていることである。植物の葉は外から見ていると活動をしているようには見えず、ダイナミックに感じられることはない。むしろ静態的である。外界との交流や相互交渉をしているようにも見えない。ところが、実際には自身を維持するために外界と活発なやりとりを行い、また自身の中でも活発な活動を行って自身を維持しているのである。

この光合成の例からは――開放システムが等至性をもつということのほかに――開放システムが複雑な維持プロセスをもつことを実感することができる。外からは何も起き

[2] ただしこうした図式において描かれているのは、厳密に言えば、光合成の「プロセスの構造」であってプロセスではないことに注意が必要である。

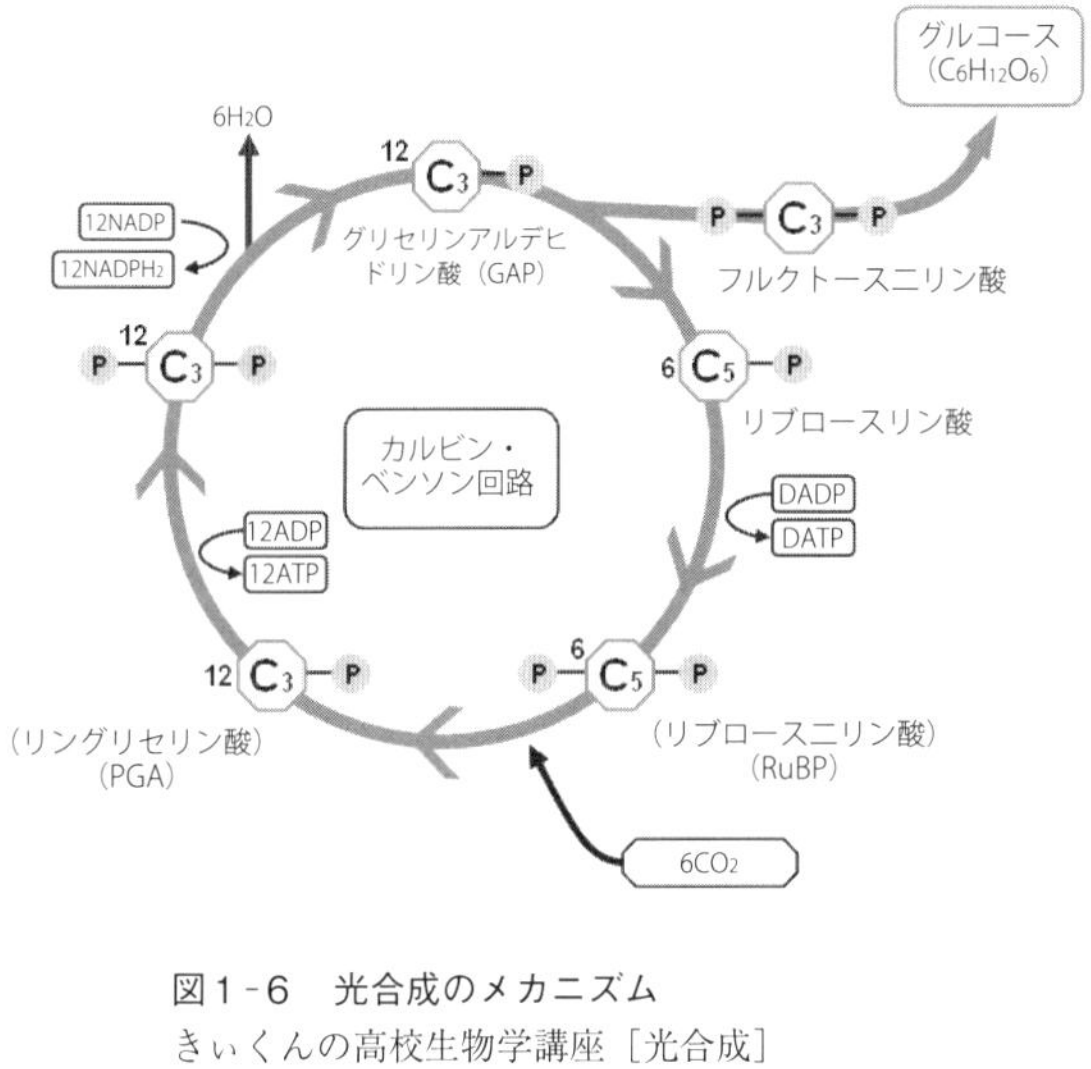

図1-6　光合成のメカニズム
きぃくんの高校生物学講座［光合成］
http://biolokii.web.fc2.com/files2/008.html

ていないように見えるにもかかわらず、システムはかなり複雑な活動を行い、結果として維持が達成されているのである。ベルタランフィもこうした状態について言及していた。「生物体は成分の流入と流出、生成と分解のなかで自己を維持しており、生きている限りけっして化学的、熱力学的平衡の状態になく、それとは違ういわゆる定常状態にある」ということである。

前述のようにTEAでは人間を開放システムとして考えており、そうである以上は、外界と交渉しながらも定常状態が保たれていると考えるべきだということになる。人間を開放システム（の心理学的システム）としてみた場合、その外界との交換関係は、記号を媒介としたコミュニケーションによってなされる[3]。

[3] Valsiner, J. 2000 *Culture and human development*. London: Sage.

■形態維持と形態発生

こうした維持のプロセスについて考えるために有用なのが、**形態維持**（morphostasis）と**形態発生**（morphogenesis）という概念である。これらの概念は丸山[4]によって提唱されたものであり、彼はサイバネティクスにおけるフィードバックシステムによる平衡維持のシステムに対置するかたちで、逸脱が増幅されるシステムを考え、それをセカンド・サイバネティクスと称した（表1-2）。

ここで重要なのは、形態維持も形態発生も相互因果過程だと捉えられていることである[5]。ある原因がある結果をもたらすという一方向的な因果関係を考えているわけで

[4] Maruyama, M. 1963 The second cybernetics: Deviation-amplifying mutual causal processes. *American Scientist*, 5, 164-179.（マゴロウ・マルヤマ 1984「セカンド・サイバネティックス」『現代思想』12-14, 198-214.）

表1-2　丸山による形態維持と形態発生

ファースト・サイバネティクス…逸脱打ち消し過程	形態維持
セカンド・サイバネティクス……逸脱増幅過程	形態発生

はないのであり、初期条件が常に結果に直結するわけではないという意味では、等至性の概念、ひいては開放システムという考え方との親近性が認められる。開放システムは、絶え間なくその環境と物質を交換し影響を受けながらも、その構造や機能を定常状態に保とうとする。これを「形態維持」の働きと呼ぶことは可能だろう。そして、ある地点に達すると変化を増幅するポジティブ・フィードバックが起き、異なる次元の質的な変容、すなわち形態発生が生じるとされるのである[6]。

中釜[6]は家族システム理論において、家族というシステムが形態発生と形態維持の「2つの力を使い分けて、あるときは変化を最小に抑え、また別のときはシステムが必要とする再編・再体制化を図ることで、家族はより高次なシステムへと発達変化を達成」すると説明している。

以上のことから、形態維持は、ある状態を、不変の安定的な状況ではなく揺らぎを伴う不定な状況と捉えるものとして概念化されている。したがって、形態維持という概念は、一見して安定的にみえる実践を、構造や機能を定常状態に保とうとする動態的なシステムとして理解するのに有用であろう。

形態維持に注目した研究として、通信制高校の職員室における生徒指導に関する研究がある[7]。この研究では、登校日数の多い通学型の通信

[5] 丸山（Maruyama, 1963）が強調したのは、相互因果過程（mutual causal process）をもとに、形態発生と形態維持を考えるということである。それまでのサイバネティクスが平衡状態をよいものとして考え工学に適用していたことを、丸山はファースト・サイバネティクスと呼び、逸脱増幅過程を重視する自らのサイバネティクスをセカンド・サイバネティクスと称しそれを論文のタイトルにした。しかし、彼は形態発生のみを強調したのではないし、まして形態維持を疎んじていたわけでもない。形態発生と形態維持というプロセスの関係もまた相互影響過程なのである。TEAではこれまで発生に注目してきたが、発生を可能にする維持過程を重視しなければいけないという認識がもたれるようになってきた。その意味で、形態発生と形態維持について洞察を与えてくれる丸山の考え方は、TEAにとっても極めて示唆に富むものだと言える。

制高校Aをフィールドとして、教員の生徒指導の特徴を検討したのだが、本来であれば、教職員のための事務・準備・休憩などに使われるスペースである職員室という場を、A高校では生徒たちが必ず立ち寄らねばならないという意味での必須通過点とすることで、生徒指導を成り立たせていた。教職員が常駐する職員室という場をあえて生徒の必須通過点とすることで、通信制という自由度の高い制度的特徴と、登校日数が多い通学型であるという組織的特徴を担保しながら生徒指導が維持されていたのである。A高校には不登校・中途退学経験者が多いのだが、教員は生徒に対して学校生活の自由度を上げて卒業資格を与える、あるいは登校させて指導を行うという単線的な回路ではなく、（さらに高次の価値を含みつつ）どちらの方針をも内包しながら、職員室という場を活用して形態維持を図っていたことが明らかにされた。

　また、学生相談室に相談しようと思っているのに実際に来談することができない大学生が「いかに相談しないか理由をみつけて相談しないようにするか」のプロセスを描こうと努力した研究[8]も、形態維持プロセスの研究として位置づけることもできるだろう。

　これまでのTEAにおいては、形態発生が目につきやすく、発生や変容のプロセスを描くことが目指される傾向があった。しかし今後は、目立ちはしないものの活発な過程である形態維持のプロセスにも焦点があてられるようになるべきだろう。

〔神崎真実・サトウタツヤ〕

[6] 中釜洋子 2008「第1章 家族システム理論」中釜洋子・野末武義・布柴靖枝・無藤清子『家族心理学——家族システムの発達と臨床的援助』(p.12.) 有斐閣

[7] 神崎真実・サトウタツヤ 印刷中：2015「通学型の通信制高校において教員は生徒指導をどのように成り立たせているのか——重要な場としての職員室に着目して」『質的心理学研究』14, 19-37.

[8] 弦間亮 2012「学生相談室に相談したかったが相談できなかった経験の径路」安田裕子・サトウタツヤ（編著）『TEMでわかる人生の径路——質的研究の新展開』(pp.125-137) 誠信書房

■参考書

北川敏男・伊藤重行（編）1987『システム思考の源流と発展』九州大学出版会

1-4 実存性

■質的研究マップ

質的研究の整理方法はいろいろなものが存在するが、筆者らは[1]研究が目指すものが実存性－理念性なのかの次元、研究が明らかにしようとするものが過程－構造なのかの次元の2次元で分類することを提唱している（図1－7）。この試論的マップの中でＴＥＡ（複線径路等至性アプローチ）は、実存性を目指すものであり、過程を明らかにするものだ、ということになる。

■質的研究のデータ（素材）とユニット化

質的研究のデータを何にするか、どのように扱うのか、という問題は、ＴＥＭに限定される話ではなく、多くの質的研究にあてはまる。したがって以下のことは、質的研究全体の話として読んでもらってもかまわない。

まず、何を素材にするのか。観察であれば「自記データ」、面接であれば「相手の発話データ」ということになる。近年では、日記、自白調書、電話相談記録など、アー

[1]サトウタツヤ・福田茉莉・木戸彩恵・安田裕子 2013「法/医療現場における質的研究のあり方とＴＥＭの位置づけ」対人援助学会第5回年次大会（立命館大学）で初出した後、マイナーチェンジが施されている。

カイブデータを扱うことも増えてきているが、これらについても基本的に言語データであることを確認しておきたい。

分析のユニットをどうするかは、**データのユニット化**の問題であり、**分節化**と呼ばれることもある。常識的に考えれば

1　単語で区切る（ユニット化）
2　文節で区切る（ユニット化）
3　文で区切る（ユニット化）
4　意味のまとまりで区切る（ユニット化）

ということになるだろう。

1〜4の順番で、データの単位が大きくなるため、データの数は少なくなる。また、4〜1の順番で、意味を理解する文脈的手がかりが少なくなっていくので、データが一見して無味乾燥なように感じられる。このように書くと上記4の方法がよいように思えるかもしれないが、それは初学者に対する罠である可能性が高い。現場経験の少ない人は、たとえ困難にみえても、なるべく、デー

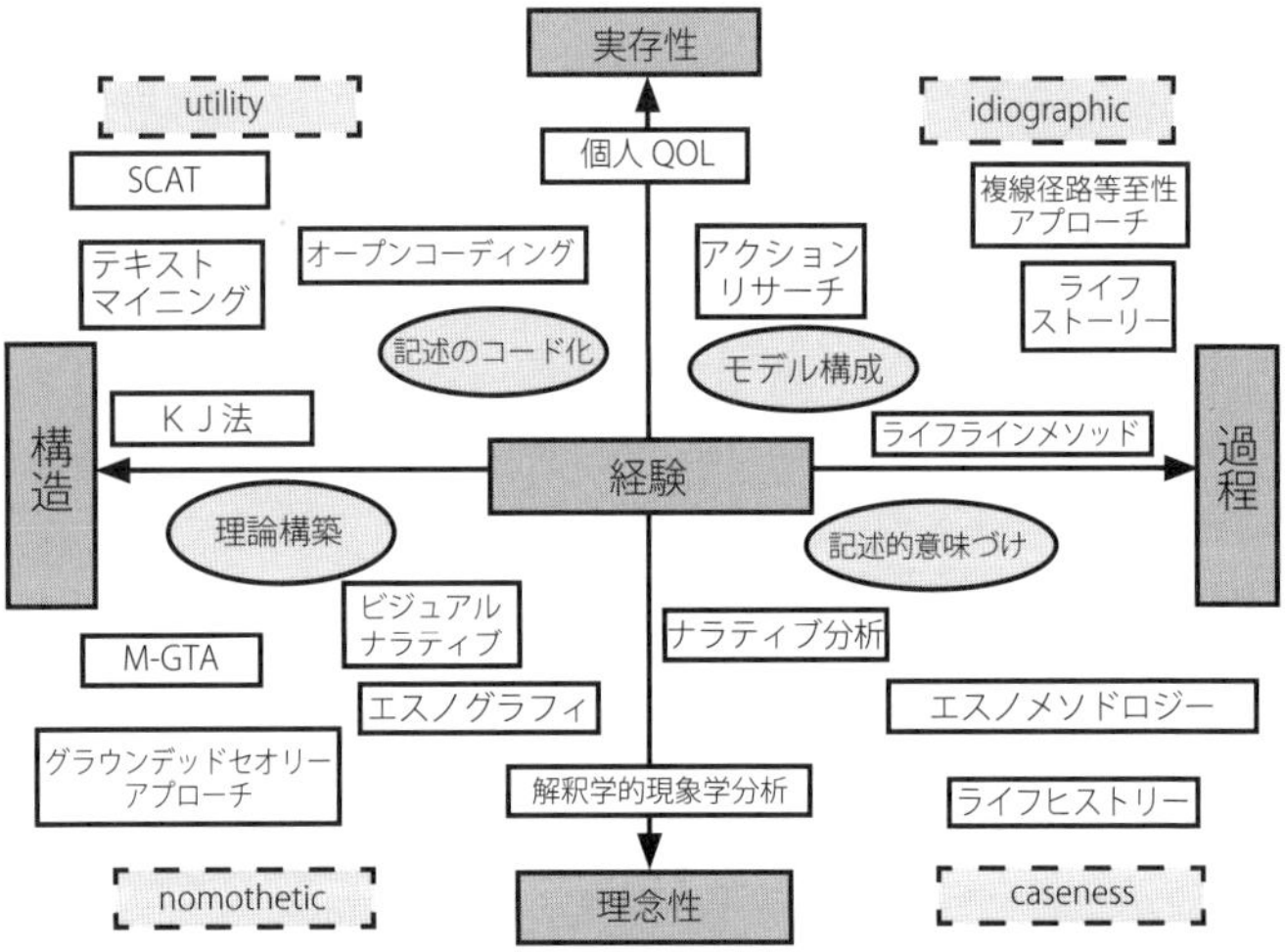

図1-7　質的研究のマップ[1]

タユニットを小さくする方向で研究する方が、自分自身の成長を感じられることになるだろう。意味のまとまりで区切るのは研究をする人である。研究者が最初に行うことが、「意味のまとまりを決める」ということだとするなら、それは大きなリスクを抱えることになる。分析開始の時点では素人同然の理解力しかないにもかかわらず、意味のまとまりを決めてしまうのであり、それが最後まで影響してしまうのである。先ほど、罠、という表現を使ったのは、やりやすそうだからと言ってやりやすいわけではない、ということを示すためである。[2]

学問は、コトバで行うものであり、抽象化を行うものであるから、何らかの段階を踏んで、抽象度をあげていくことになる。その方法は大別して2つある。

■抽象度をあげる手法

質的データの抽象度をあげる手法は、大きく次の2つに大別されるだろう。

A　意味の類似しているものをまとめていき、まとまったものにラベルをつける。

B　まとまりそうなデータの上位のコードを生成し付与していく。

前者の方法は、純然たるボトムアップ的な方法であり、**KJ法**がその代表的な方法である。[3] 愚直にまとめてラベルをつける、そのラベルをもとにまたまとめる、ということの繰り返しである。後者の方法は、ボトムアップのようにみえるが、完全なボトムアップではなく、複数のデータをまとめることができるようなアンテナをたてるの

[2] 日本で開発されたM-GTAが、切片化せずに分析することを推奨するのは、それが「地に足がついた(グラウンデッド)」人を対象にした方法だからである。つまり、看護師などとして現場で10年働いて、それを理論化したい、という人にとっては、分節化の作業は不要だということも言えるのである。

[3] ボトムアップのやり方を帰納的と呼ぶことがある。これに対して、あらかじめカテゴリを決定してそこにあてはまるデータを取り上げていくような、トップダウンのやり方を演繹的と呼ぶ。

である、あるいは、観測気球を上げてみるのである。そして、そのアンテナのような、観測気球のような概念によって、もともとあったデータがうまく説明できるかどうかを検討していく。そして、新たに生成された複数の概念をまとめるための概念を考えていくのである。

前者の場合、意味の類似しているものをまとめる場合には、そのまとめたもの同士について類似したものをまとめていく、ということを繰り返す。そして、最終的にまとまったラベルを用いて図解を行うのである。

後者のコード付与の場合は、新たに付与したコードがデータについて必要十分かのチェックが必要となる。他のデータについても表すコードになっているのではないか、というようなチェックが必要になる。「カブトムシが好きだった」と「飼い犬の話」と「福島の乳牛は現在放射能の問題によって外で牧草を食べさせられない」という話を「生き物の話」とコード化すれば、確かに正しいが、広すぎるでしょ！ということになる。このようなチェックが必要である。この後者の方法は、単に概念化を行っていくだけではなく、階層性が高くなるにつれてより説明的な概念にしていくことが求められる[4]。

■TEAにおけるデータの取り扱い

TEAはプロセスを意識した分析法であるから、ある程度まで抽象度を上げた記述

[4] GTAを例にとれば、オープンコード化↓選択コード化↓軸足コード化、コードの機能自体が変わっていく。SCAT《スキャット》(Steps for Coding And Theorization)を例にとれば、データの中の着目すべき語句(コード)↓それを言いかえるためのデータ外の語句(コード)↓それを説明するための語句(コード)↓そこから浮き上がるテーマ・構成概念というように、やはり語句(コード)の機能が変わっていく。これに対してKJ法のラベルは、どこまでいってもその機能は「まとめる」ということでしかない。

を、実際に起きた時間順に並べてみるということが必要になる。この際に、先にあげた2つの方法のうち、どちらに依拠するかは個人的な好みや指導者との相談で決定すればよいと思われる。なお、出来事を単に年表のように一直線に並べるのではなく、もうひとつの次元を活用することが求められる。[5] 大学院に入学ということを等至点にするなら、その補集合的な事象を両極化した等至点として設定して、時間とは直交する軸を立てるのである。この補集合的な事象は、最初は「大学院に入学しない」というような機械的・論理的な命名で始めることにならざるをえないが、分析の途上で「意味のある」両極化した等至点が設定されるはずである。大学院に入学することの補集合は、ある人にとっては、「社会に出る」という意味づけかもしれないし、他の人にとっては「親の敷いたレールを走ること」かもしれない。（1回だけの面接ではなかなかここまでたどり着けないから）3回の面接を通してこうした等至点の設定ができれば、次項に述べる**飽和**が達成されることになるのである。[6]

〔サトウタツヤ〕

[5]「1-2 TEAにおける時間概念」を参照。

[6]「1-5 TEM的飽和」を参照。

■参考書
川喜田二郎 1967『発想法』中公新書

1-5 TEM的飽和

■TEAにおけるTEMの手順、特に終わり方

TEMは決まった手順はない。あえてそうしていない、という面がある。それぞれ工夫して考えてやればよいのである。しかし一般に、心理学業界におけるデータ分析は、自分の頭を使わない自動化された分析の方が尊ばれるというテントーホンマツなことがあり[1]、なるべく分析法をカノン化（正準化）したくないと思っている[2]。TEMは研究者が研究したいことを後押しする方法論である。だからこそ、その後のことは、それぞれが考えていくべきではないかと思っているのである。

TEMは、研究者の興味があることを研究対象として設定しやすくするための方法論であるから、始めることは比較的簡単にできる。

しかし、終わり方というのは難しい。車であれば止まり方、飛行機であれば着陸の仕方こそが極めて重要だということは、首肯できるであろう。研究も車も、終わり（止まり方）を見通して始めるべきなのである。そこで、以下では終わり方について考えてみたい。

[1] 本末転倒。この語については、サトウタツヤ・渡邊芳之・尾見康博 2000『心理学論の誕生――「心理学」のフィールドワーク』北大路書房を参照。

[2] なお本項の内容は実践編「4-1 1／4／9の法則からみたTEM」、「4-2 トランスビューの視点」においても扱われているので、参考にしてほしい。

■分析の終了とＴＥＭ的飽和

どのように研究を終了すればよいのか。まさか適当にやめるわけにもいかないし、何らかのガイドが必要となる。質的研究におけるＧＴＡ（グラウンデッド・セオリー・アプローチ）で採用された概念に、**理論的飽和**（theoretical saturation）がある。ＧＴＡとは地に足のついた理論ということであるから、その理論が新しいデータのほとんどすべてを説明できるという実感があれば、それが理論的飽和として重視されることになるのである。他の方法、たとえば**ＫＪ法**も、得られたデータをすべて説明できる図解を作るというのが目的であるから、飽和（saturation）という概念を用いてはいないとはいえ、飽和を目指して分析を行っていると言っても間違いにはならないだろう。

この飽和という概念を援用して、ＴＥＭにおける終わり方、ＴＥＭ的飽和を考えてみよう。

■ＴＥＭにおける飽和

ここで新たに提案するのは**トランスビュー的飽和**と**両極化した等至点的飽和**である。まずトランスビュー的飽和である。前提として、研究者と参加者がＴＥＭを用いた複数回の面接を行うことを**トランスビュー**と呼ぶ。インタビューがInter-Viewであるのに対してトランスビューはTrans-Viewであり、見方の共有である。研究者と参加者が何度かのやりとりを経て双方が納得するＴＥＭ図を作れたと考えるなら、それは一種の飽和であり、研究の終了を意味してもよい。

もうひとつが、両極化した等至点的飽和である。もともと、等至点には研究者の興味関心が反映されている。そして、そうした経験をした人をお招きして話を聞くのがHSIの特徴である。

歴史的構造化ご招待（Historically Structured Inviting：**ＨＳＩ**）である。話を聞くに際しては、ある等至点に至る径路を聞くのであるが、その時、その等至点の補集合的経験になぜ行かなかったのか、ということを聞いてみることは意義がある。たとえば、高校で野球部に入る、というようなことを等至点として設定するなら、その補集合的経験は、論理的に言えば「高校で野球部に入らない」である。これは論理的には正しいが、あまりにも広すぎて、心理学的に有意義だとは言えない。サッカーがイヤで野球を選んだのか、スポーツはやりたいが個人競技はイヤだったから野球にしたのか、文化部がイヤで、それとも、帰宅部的生活がイヤで、など本人の意味世界における、補集合的経験を理解する必要がある。そして､研究者自身が設定した等至点に対して、現象に即した意味のある両極化した等至点が設定できたと考えることが、両極化した等至点的飽和である。

これらの２つの飽和が達成されたと考えることができるなら、研究としてまとまったと言える可能性が高い。また、研究の生態学的妥当性も高いと考えてよいだろう。

■何名問題と何回問題

質的研究をしている人から頻繁に尋ねられる問いに、「何名の方を対象にすればよいのか?」というものがある。しかし筆者が言いたいことは、人数の問題よりも先に、ひとりの人と最低3回お会いすることを前提にすべきだ、ということである。一般に、ある人と会う時のことを考えてみよう。最初は初対面である。2回目の時は名前を覚えているにしても、顔がよく思い出せなかったりする時がある。3回目くらいになれば、お互いに顔と名前が一致するということになる。研究計画の側面から考えてみても、同じようなことが言えるのではないだろうか。

また、相手の立場に立った時にも、3回くらいは会わないと何を喋《しゃべ》ってよいか分からないということもある。一般にTEAで扱う研究内容は気楽な内容ではなく深刻なものが多い。相手の方が最初からすべて喋ることができると考えるのは、楽観的すぎる仮定なのではないだろうか[3]。

■トランスビューを目指して

なお、筆者は以下のようなプロセスで3回の面接が進行すると考えている。

3回会うことで、お互いの理解も深まり、何を話すべきかが分かってくるのではないだろうか。面接を繰り返す時にTEM図を用いることで、お互いの理解が深まるということもある。最初の面接結果について、TEM図を用いることによって、調査者

[3]たとえば、あなたの指導教員の娘さん(中学生)が、大学院生の恋愛について調査したいと言ってきたらどうするだろうか? 断るに断れず話を受けることにしたら、初対面の中学生を相手に何を言えばよいのか悩むのではないだろうか? 「あなたはつきあっている人はいますか? いるとすればどのように?」などと聞かれたとしたらどうだろうか? 相手がどれくらいこういう話を理解しているのかもよく分からないなかで、あまり生々しく話すわけにもいかないし… などと逡巡するのではないだろうか。こうした逡巡は、私たちが行う調査の対象者の方々も同じように感じているかもしれないのである。

表1－3 「Intra-View」「Inter-View」「Trans-View」

Intra-View	初回の聞き取り
（自由記述を会話で行う程度で調査者の主観が強く出た聞き取り）	
Inter-View	２回目の聞き取り
（初回の聞き取りをもとに、対象者の主観を反映させる聞き取り）	
Trans-View	３回目の聞き取り
（相互の主観が融合したかたちの聞き取り）	

がどのように対象者の話を聞いたのかが、対象者にわかりやすく提示することができるのである。

研究者が描いたＴＥＭ図を用いて2回目の面接を行い、さらに、2回目の面接結果から過不足を調整して描いたＴＥＭ図を媒介にして3回目の面接を行う。こうした手順によって、結果の真正性を担保することができると考えられる。[4] もちろん、3回ということを金科玉条のごとく扱う必要はなく、ひとつのガイドラインとして考えるとよいだろう。

■1／4／9の法則

最後に、ひとりの人に3回会うという前提で人数を決めようというのであれば、経験則的に**1／4／9の法則**を提案することができる。[5] ひとりの話を聞いて分析すれば深みが出る、4名の話を分析すれば多様性がみえる、そして9名の話を分析すれば径路の類型ができる、ということが経験的に言えるのである。これもまた金科玉条のごとく扱うのではなく、目安として活用してほしい。〔サトウタツヤ〕

［4］複数の人が分析してその一致率から信頼性を検討するのは量的研究のスタイルであり、質的研究においては、研究プロセスのなかで一般的な意味での信頼性を上げていくことが望まれているのである。

［5］1／4／9というのは、1の自乗、2の自乗、3の自乗、ということである。モノゴトには境界域（Boundary）がつきものなので、1の自乗±0、2の自乗±1、3の自乗±2ということを目安にしてほしい。この法則は経験則にすぎないが、経験則だからこそバカにできないしガイドラインとして有効に機能すると思われる。気づけば筆者は30年にわたって質的研究をやってきたわけだし、同時に多くの人の研究を指導してきたのであり、その経験に基づいているのである。

■参考書
サトウタツヤ 2013『質的心理学の展望』新曜社

2章

TEMの基本と展開

2-1

等至性と複線径路

両極化した等至点とZOF（ゾーン・オブ・ファイナリティ）へ

■文脈と時間のなかで捉えられる等至点と人生径路

TEM（複線径路等至性モデル）は、ヤーン・ヴァルシナーが、**等至性**（Equifinality）の概念を文化的・発達的事象の心理学研究に取り込んだことに始まる。[1] 等至性は、TEAを構成する道具仕立ての根幹をなす概念である。等至性を具現化するポイントは、**等至点**（Equifinality Point：**EFP**）として概念化されている。個々人が固有な径路をたどっていても、時間経過のなかで、等しく（Equi）到達する（Final）ポイントがある[2]という考え方の背景には、人のライフ（生命・生活・人生）が、歴史的・文化的・社会的文脈に埋め込まれたなかで、時間とともになりゆくものである、という見方が存在する（図2-1）。つまり、等至点は、歴史的・文化的・社会的な背景をもち、持続する時間のなかで実現されゆくライフの顕在形における、あるひとつの出来事や経験として焦点化される。もっとも、そうした歴史的・文化的・社会的な諸力――みえにくくなっているものもある――の影響のもとにある出来事や経験を浮き彫りにするための概念として、等至点以外にも、**分岐点**（Bifurcation Point：**BFP**）や**必須通**

[1] Valsiner, J. 2001 *Comparative study of human cultural development*. Madrid: Function Infancia y Aprendizaje.

[2] 安田裕子 2005「不妊という経験を通じた自己の問い直し過程――治療では子どもが授からなかった当事者の選択岐路から」『質的心理学研究』4, 201-226.

過点（Obligatory Passage Point：**OPP**）が考案されている[3]。等至点に焦点をあて、そこに至る人の行動や発達、選択や認識の変容・維持の様相を、過程と発生を捉える観点から、歴史的・文化的・社会的文脈と時間のなかで描き出すことを、TEMは目指している。TEMでは、**持続する時間**（**非可逆的時間**：Irreversible Time）とともにある人のライフの複線的な有り様を、システムのなかで、システムとして捉えようとすることを、大きな特徴としている。

■径路の複線性・多様性

人は2つの生を同時に生きられるものではなく、その歩みはひとつの軌跡として捉えられる、というのが一般的な考え方であるだろう。図2－1に明らかなように、人の生は、ある時間にある場所に存在すると

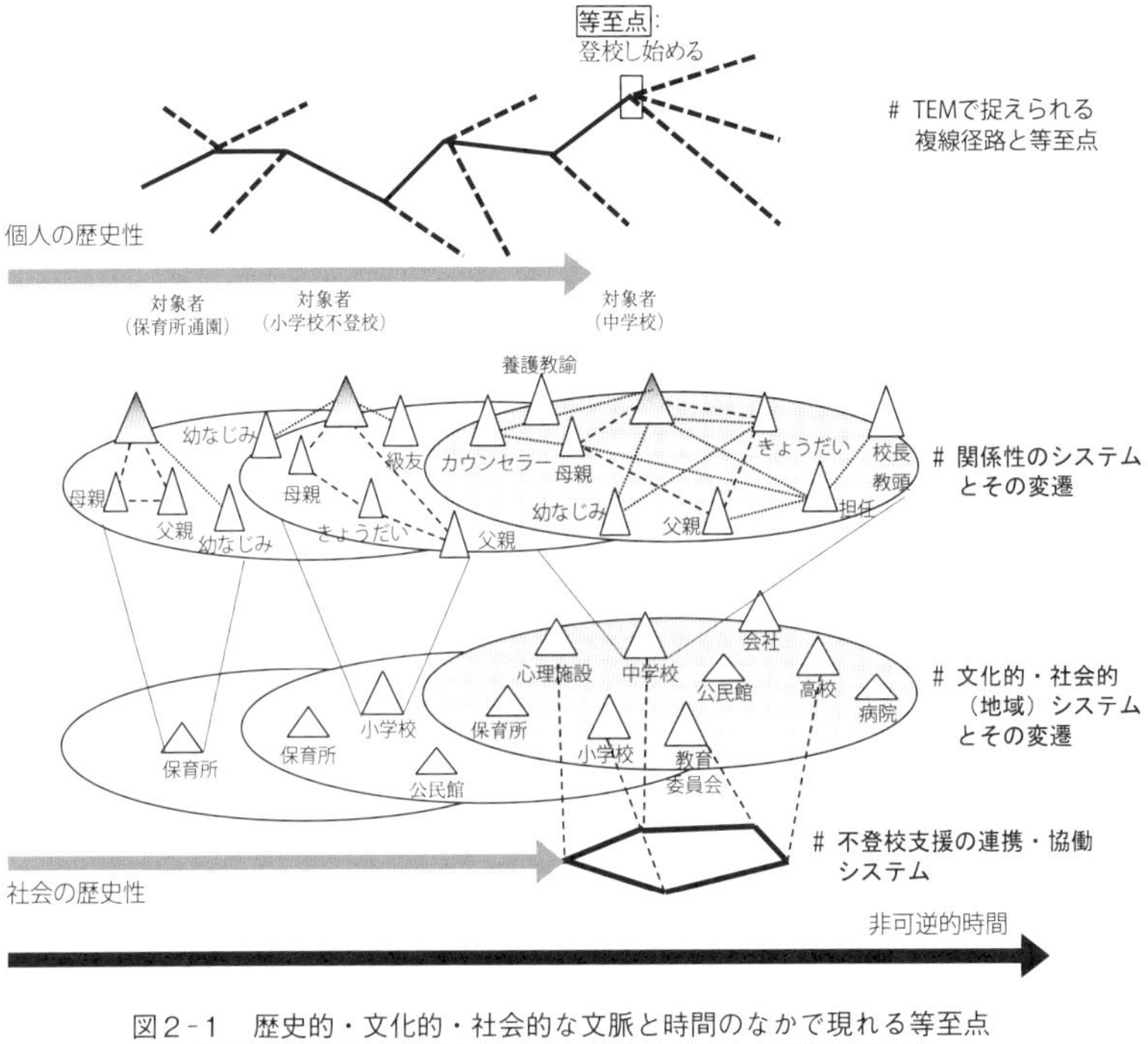

図2-1　歴史的・文化的・社会的な文脈と時間のなかで現れる等至点
（不登校生徒が「登校し始める」経験のプロセス理解を想定）

いう絶対的な制約のなかで実現してゆく。ただし、そうした固有の歴史性を有する唯一無二のライフが、そもそも、持続する時間経過とともにある、という点に留意すれば、決して一本道ではない、潜在性や可能性を含む複線的で多様な様相が捉えられてもこよう。

たとえば、「大学入学」は暗黙裏に「大学卒業」とセットにされやすいかもしれないが、「大学卒業」までには実際には複線径路が存在する。「留学する」の道もあれば、「留年する」場合もあり、「休学する」選択もある。「休学する」選択ひとつとってみても、「学費を稼ぐためにアルバイトにいそしむ」ためかもしれず、また、「ワーキングホリディに行く」展望をもってのことかもしれない。「心身の調子がよくない」ことだってあるだろう。また、「中退し、新たに他の大学に入り直し、卒業する」という径路もあり、「中退した」後に「他の大学に入り直す」間にも複線径路の存在が推測される。TEAでは、こうした径路の複数性・多様性を検討し、可視化することを要点のひとつとする。

径路を捉えるに際し、山や谷を描くようにして上下に振り幅のあるライフラインを気軽に描いていけばよい（図2-2）。山や谷は、そこに至る径路やそこから分かれ出る径路の複線性を検討する手がかりになる。複数人を対象にその径路を描けば、重なり共通する径路やポイントが捉えられると同時に、個人間径路の多様性もみえてこよう。もっとも、こうした複線性・多様性にどこまでも自由度があるわけではない。「大

[3]「2-2 分岐点と必須通過点」を参照。

学入学－大学卒業」間の複線径路が学則に規定されているように――たとえば、8年を超えて在学できない――、径路は歴史的・文化的・社会的な文脈と制約のもとにあるのである。

■等至点をゾーンのなかで動的なものとして捉える

複線径路と切っても切れない関係にある**等至点**の概念は、等しく至る点というその字義どおり、到達点の同定に有用であるが、実はダイナミズムを内包する概念である。ライフの持続を思えば、等至点もまた人生径路における一通過点であり、等至点から分岐する径路の存在が想定されるからである。そして、いったん等至点として同定しても、分析者の思い込みによる不適切なラベル付けであることが明らかになれば、その再設定が求められることとなる[4]。また、等至点としてラベル付けした事象に個人間の経験の多様性がみえてくる、ということもある。等至点として焦点をあてることは、共通事象として理解することを意味するが、その実質に目を向ければ、個別具体な多様性が捉えられよう。こうしたこともまた、等至点の概念を動的に理解することの重要性を示している。

さて、等至点は研究目的によって設定されるが、等至点を定めることによってある種の価値づけを行いかねないことに、TEMでは注意を促

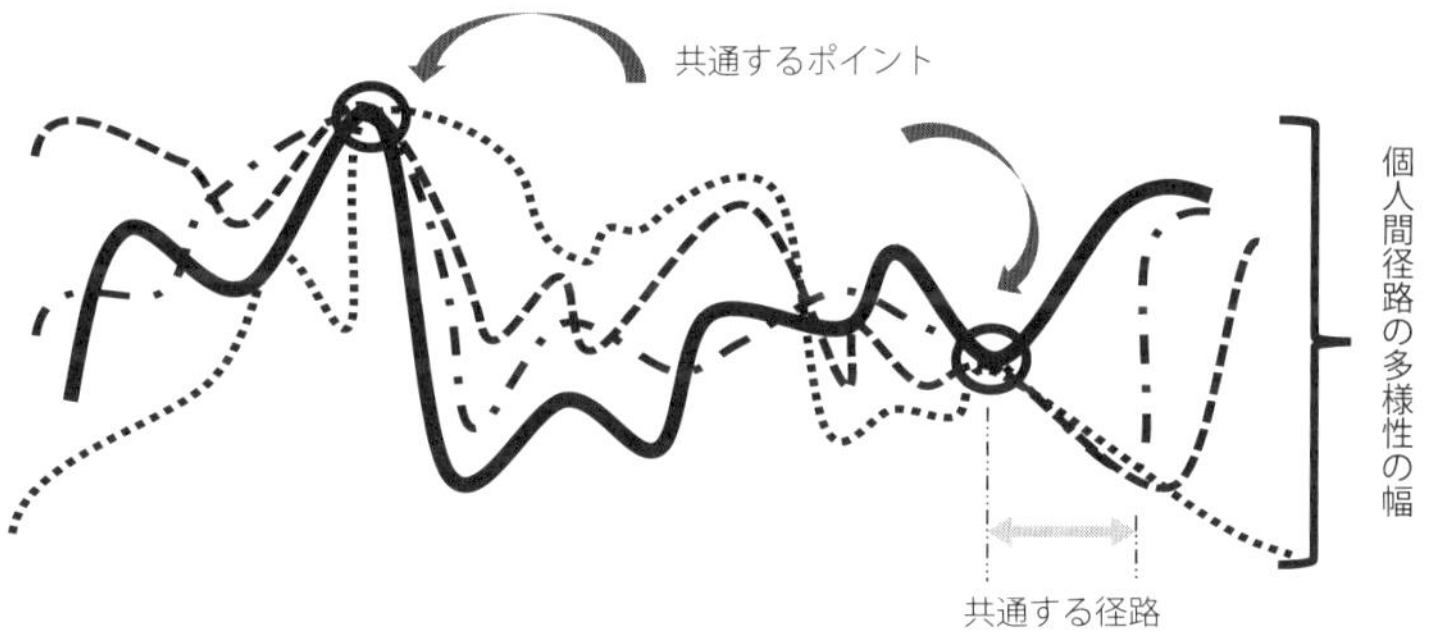

図2-2　ライフラインで捉えられる、径路の複線性、個人間の共通性と多様性

している。「大学に入学する－大学を卒業する」の例に戻ると、「大学卒業」を等至点として同定すれば、分析者自身がいつしか「大学を卒業する」までの径路に意識を向けるようになり、径路の複線性・多様性を掬い損なう、ということが起こりうる。

このことを回避する道具立てとして、**両極化した等至点**（Polarized EFP：**P－EFP**）の概念がある。両極化した等至点は、等至点の補集合的事象を設定するために概念化されたものであり、ごくシンプルには、「大学を卒業する」に対する「大学を卒業しない」である。両極化した等至点を設定することで、そこに至る経験にも目配りしながら分析を行いやすくなり、みえにくくなっている径路が捉えやすくなるという効用がある。また、設定され可視化された両極化した等至点の存在は、研究知見の宛先となる読み手に対しても、当該経験の複線性・多様性への理解を促すものとなろう。

なお、等至点の再設定と同様に、両極化した等至点もまたその設定の適切性を検討する分析過程がありうるが[5]、その様相は、当事者の濃淡ある未来展望を示すものとなる。等至点と両極化した等至点によって捉えられる、その動的で多様な有り様は、**ZOF**《ゾフ》（Zone of Finality：等至点の幅）と概念化されている。

このように、等至点は単に研究目標に即して設定するだけのものではない。等至点は、背景文脈と持続時間とが浸透する事象として焦点化される、複線径路の交差点を象徴する動的な概念だといえる。等至点が、対象抽出の理論である歴史的構造化ご招待（Historical Structured Inviting：HSI）と深く関係している所以《ゆえん》である。〔安田裕子〕

[4]「1-1 複線径路等至性アプローチ（TEA）」を参照。

[5]「1-1 複線径路等至性アプローチ（TEA）」「1-5 TEM的飽和」では、分析の飽和を確認する過程として解説されている。

■参考書

無藤隆・やまだようこ（編著）1995『講座 生涯発達心理学 第1巻 生涯発達心理学とは何か――理論と方法』金子書房

２－２　分岐点と必須通過点

諸力（ＳＤとＳＧ）のせめぎあい

■**生成的なポイント、分岐点**

等至点と対になる概念に、**分岐点**（Bifurcation Point：ＢＦＰ）がある。**非可逆的時間**（Irreversible Time）のなかで人の歩みが分岐し収束する有り様を、分岐点と等至点、それらをむすぶ複線径路によって描き出すことが、複線径路等至性モデル（Trajectory Equifinality Model：ＴＥＭ）で目指される分析の基本単位である（図２－３）[1]。

分岐点として捉えられるポイントは、既にそこにある明示的な分かれ道のようなものばかりでは決してない。その証拠に、時に人は来し方を振り返り、あそこが転換点だったと気づくようなこともある。分岐点は、本来的には、持続する時間とともに発生するものとして概念化された。言い方を換えれば、分岐点の概念は、人が今を歩み進めるなかで――その過程では、必ずしも可視的な選択岐路が存在するばかりではない――、何らかの局面においてある転換点が立ち上がりうる、という未来志向的な有り様を意識化させてくれる。

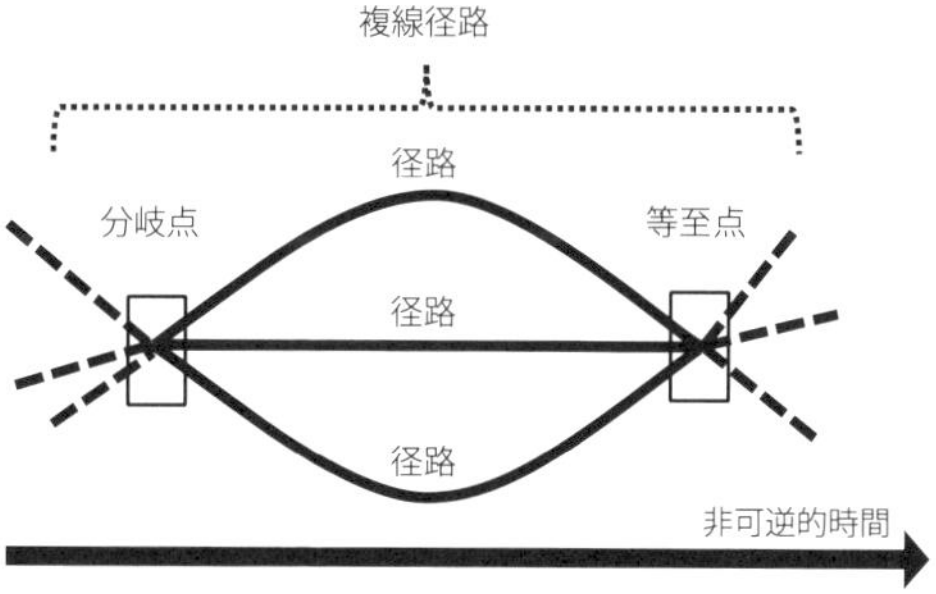

図２－３　TEMの基本単位

[1]図２・３は、安田裕子・サトウタツヤ（編著）2012『ＴＥＭでわかる人生の径路――質的研究の新展開』の図１・１（p.2）を改変したものである。
　安田裕子 2012「これだけは理解しよう、超基礎概念」安田裕子・サトウタツヤ（編著）『ＴＥＭでわかる人生の径路――質的研究の新展開』(pp.2-3) 誠信書房

こうした人生の岐路における質的な転換を彷彿とさせるものとして、他に**転機**という言葉があげられるかもしれない。しかし、分岐点は、転機とは異なるものとして概念化されていることに留意してほしい。なるほど、選択肢や分かれ道が明示的でないなかで、それまでの有り様に変容をもたらす転換が生じる、ということを意味する点において、分岐点と転機には共通性が見出せるかもしれない。[2] もっとも、「大学に行く／行かない」というような明示的な選択肢としての分岐点も少なからず存在する。こうしたことは、諸制度に規定されたなかで私たちの生が構成されているということを、端的に示している。ただし、大学進学を当然の進路と考える人もいれば、最初から眼中にあるわけではない人もいて、その選択肢の立ち現れ方は、所属する場の文化や身にまとう文化的・社会的価値によって異なっている、という言い方も成り立とう。

■文化が捉えられる必須通過点

一方、いくぶん年齢を遡れば、「小学校／中学校に行く」ことは、多くの人が義務教育として歩んできた経歴であるだろう。こうした必須のこととして経験される出来事は、**必須通過点**（Obligatory Passage Point：**OPP**）として焦点があてられる。

必須通過点は、もともとは地理上の概念である。Aに行くにはBを通らなければならない、という場合のBが必須通過点である。こうしたことが、人生径路や人間発達における必須の有り様を捉えるうえでの枠組みに援用された。人がある経験をするに

[2] ただし、あくまでも分岐点は、非可逆的時間とともに立ち上がるものとして定義されているのである。歴史性を携えた個人が、文化的・社会的文脈に埋め込まれ、連綿とした時間の流れとともにあるなかで、必然でも偶然でもないコンティンジェント（偶有的）な有り様として実現していく、という捉え方がなされる。**偶有性**については「2-3 未定と未来展望」でより詳しく述べる。

あたり、必ずゆきあたる出来事や突きつけられる行動選択があるとすれば、それは必須通過点とされる。必須通過点の必須とは、ほとんどの人が、という程度の意味合いである。人の行動や選択には自由度があり、その経験には多様性がみられるにもかかわらず、ほとんどの人が経験せざるをえないようなことがあれば、そこには何らかの制約的な力がかかっている、と考えるのである。

必須通過点の種類には、「制度的必須通過点」、「慣習的必須通過点」、「結果的必須通過点」が認められる。サトウらによれば[3]、制度的必須通過点は、制度的に存在し、典型的には、法律で定められているようなものである。前述の小学校や中学校の義務教育課程への入学はその好例となる。この場合の文化的・社会的な力の影響はとても頑強で、小中学校入学という事象には強固なパワーが作用していると考えられる。それゆえ、人びとにとってみれば、常識的な疑う余地のない当然の進路として認識されており、よってその径路からの離脱には批判と非難の目が向けられやすい。慣習的必須通過点は、法律で定められているわけではないにせよ多くの人が経験するようなことであり、お宮参りや七五三などがその例となる。制度的必須通過点におけるパワーほど絶対的ではないにせよ、そこには、みえにくくなっている文化的・社会的な諸力のふるまいが浮き彫りとなる。結果的必須通過点は、制度的でも慣習的でもないにもかかわらず、多くの人が経験するようなこととしてあげられている。たとえば天災や戦争などにより、遠隔地に避難する／田舎に疎開することが強いられるが、そうした

[3] サトウタツヤ・安田裕子・木戸彩恵・髙田沙織・ヤーン・ヴァルシナー 2006「複線径路・等至性モデル──人生径路の多様性を描く質的心理学の新しい方法論を目指して」『質的心理学研究』5, 255-276.

ことがあてはまる。

必須通過点を定めるには、扱う対象者が複数であれば、共通した同様（必ずしも「同じ」ではない）の経験を束ねていく、という方法がある。そのうえで、3種類のうちどのタイプの必須通過点かを考えたり、あるいは、そこにかかる文化的・社会的な力の作用を洞察したり、文化的・社会的な背景を読み解いていくことができると、さらにおもしろいだろう。逆の手順、つまり、共通して捉えられる文化的・社会的な力の作用の検討を通じて、個人間で個別性・多様性が捉えられる類似の経験をまとめてゆき必須通過点を定める、というふうにしてもよい。こうした文化的・社会的な力の存在を洞察する視角をもって分析すれば、分析対象がひとりの場合であっても、経験を深く探究することにより、必須通過点を見定め、さらにはそれがどのタイプのものであるかを検討することができるだろう。

■分岐点と必須通過点を浮き彫りにする、社会的方向づけ（SD）と社会的助勢（SG）

文化的・社会的な諸力は、**社会的方向づけ**（Social Direction：**SD**）、ならびに**社会的助勢**（Social Guidance：**SG**）として概念化されている。SGは等至点への歩みを後押しする力であり、SDは等至点に向かうのを阻害する力である、と理解するとよい。よって、同様のパワーであっても、時間経過のなかで、SDになることもあればSG

になることもある。たとえば、留学生が日本の大学生活にいかに馴染んでいくかということ（等至点）を分析するなかで、留学生であるという当人の認識が、ずっと余計な気負いとなっていたがいつしか自尊心となり自信につながっていった、ということがみえてきたとしよう。そして、留学生なのだから人一倍頑張らなくてはと気負うことにより、かえって空回りしたり他者との関係がうまく築けない、ということがあったとすれば、留学生であるという認識はＳＤと理解できる。他方で、留学生であるという自尊心が自信となり、さまざまなことにチャレンジングかつ前向きに取り組むようになったのであれば、留学生であるという認識はＳＧと定められよう。そして、ＳＤやＳＧの作用とともに「気負って空回りする」「自信をもち多様な活動に果敢に取り組む」といった行動を把握していくのである（図２－４）。可視的・不可視的な文化的・社会的諸力の存在とその相互作用の様相を検討しながら、行動の変容・維持過程を捉えることが肝要である。

ＳＤとＳＧがせめぎ合うポイント、とりわけ分岐点に焦点をあてれば、文化的記号を取り入れて変容するシステムとしての人間の内的メカニズムを理解するための理論である**発生の三層モデル**（Three Layers Model of Genesis：**ＴＬＭＧ**）が活かされるだろう。ＴＬＭＧは、個人の内的変容を、個別活動レベル、記号レベル、信念・価値観レベルの３つの層で記述・理解するための自己モデルである。[4] 先の例に即せば、いかなる促進的記号の発生と価値変容のなかで「自信をもち多様な活動に果敢に取り組む」

[4] サトウタツヤ（編著）『ＴＥＭではじめる質的研究――時間とプロセスを扱う研究をめざして』誠信書房

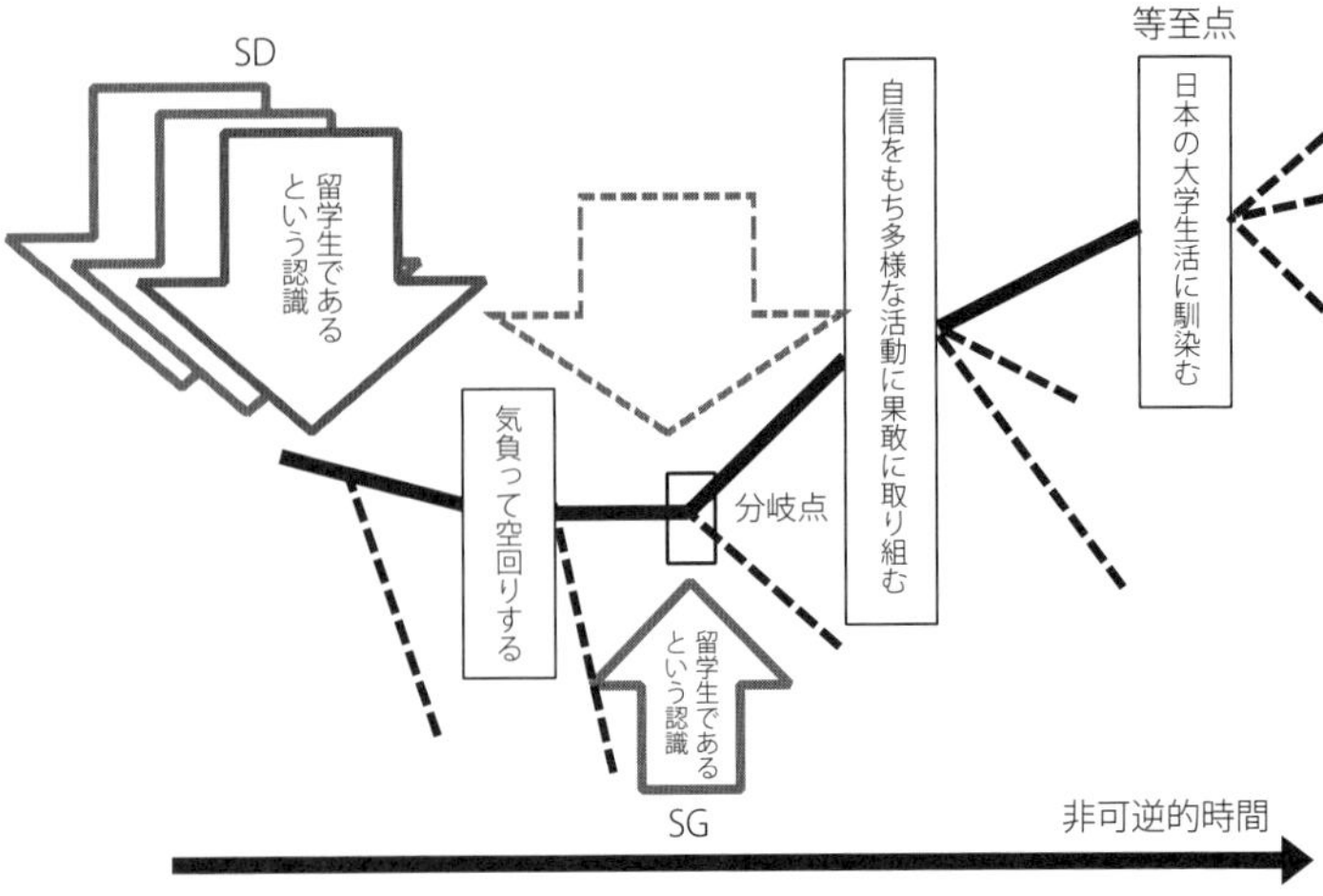

図2-4　ＳＤからＳＧへの転換、それらの作用による行動変容

という行動（個別活動）へとつながっていったのかという、分岐点における変容の自己メカニズムの検討がＴＬＭＧによって可能となる。「留学生であるという認識」がＳＤからＳＧに切り換わったということとつなげて考察を進めるうえでも、有用な分析ができるだろう。[5] ここでは、ＴＥＭでＳＤやＳＧと分岐点の関係を描き出すことと、ＴＬＭＧによって分岐点で生じている変容のメカニズムへの理解を深めることとをあわせて検討するとおもしろい、と提案しておこう。

〔安田裕子〕

[5] ＴＥＭとＴＬＭＧの関係については「1-1　複線径路等至性アプローチ（ＴＥＡ）」を参照。

■参考書
杉浦健 2004『転機の心理学』ナカニシヤ出版

2-3 未定と未来展望

偶有性を取り込み、価値が変容する経験として

■ライフの未定さ

持続する時間経過のなかで立ち現れる分岐点（とそこからの複線径路）に象徴されるように、人の歩みは本来的に**未定さ**（Uncertainty）を伴っている、ということができる。人生の岐路における質的な変容を捉えるものとして概念化されている分岐点であるが、この概念によって変容の分岐を捉えるや否や、変容が発生するその前段には、常態化した有り様が、あるいは時に膠着したような逡巡や揺らぎ――すなわち未定状況――が捉えられよう。そうした膠着した様相との対比によって変容の分岐点が際立つものとして浮き彫りになる、という言い方もできる。

人のライフ（生命・生活・人生）に本来的にそなわり、時に突きつけられる未定さは、その渦中にある当人にとっては、抗《あらが》い難く何かの力に翻弄《ほんろう》されるような、なすすべもない状態として認識されうる。そしてそうした事態に陥ったとき、当人には、時間がとまってしまったように感じられるかもしれない。ただし、そうした未定さは、同時に、その後の変容可能性を内包する未決定な状態である、ともいえる。いつしか

時間が流れだし、今後に拓かれゆく未来が展望できるようになる可能性を、あわせもってもいよう。ここでは、人のライフについてまわる未定さ――変容と隣り合わせにある――について、分岐点との関係から考えていく。

■変容とともにある維持という視点から未定さを捉える

いかに変容するかは、それまでいかに維持されていたか／その後いかに維持されゆくか、ということとセットにして考えることが、人のライフへの理解を深めるうえで有用である。新たな変容がおとずれる前には維持の過程があるだろうし、変容の後には維持の状態が存在すると考えられるからである。たとえば、ある男女（夫婦）について、友達としての関係性からいかに今の夫婦関係に至ったのか、ということを分析するとする。そして、その分析において、ふたりが付き合い始めたことを分岐点と定めてみれば、その分岐点以前には、友達関係を維持する過程が、また、付き合いが始まればそれ以後には恋人関係を維持する様相が、捉えられよう。そしてさらに、婚姻関係を結んだ時点を分岐点とすれば、その後には、いかに夫婦としての関係や生活を安定（維持）させていったのか、ということが分析の焦点となりうる。もっとも、関係を維持する局面に入れば、その状態での変容が捉えられてもこよう。はたからみて維持の状態にみえる、友達／恋人／夫婦関係もまた、時間経過のなかで変容していくものであるのだから。

こうした、**変容と維持**を絡まり交え合うものとしてみなす観点から、分岐点として焦点化される変容と未定さとの関係を捉え返してみれば、未定さの理解の仕方について2つの有り様が認められる。それはひとつに、先に記したような、翻弄されて前に進めないというように、変容にプラスの価値をおいたうえで変容しえない事態を、未定とみなす見方である。もうひとつは、抗い難いようなコントロール困難な状態のままに、いかにあろうとしているかということが、未定さから捉えられる、という見方である。未定状況を把握するうえで後者の捉え方をするならば、変容しえないこと＝なすすべもない事態、というようにマイナスの価値づけがなされるばかりではない、未定状況における人のレジリエント（回復的）な有り様が、透かし彫りになってくる。

渦中にある当人にとって、未定状況は、時間が停滞し同じことが繰り返されているような重苦しさを伴うものであるかもしれない。しかし、非可逆的時間の概念に示されるような時間の持続を前提に、繰り返される有り様を維持の過程として捉え直せば、未定さはそれ自体として意味あるものとして浮き彫りとなる。いかに維持されているのか、といった視点を介在させることによって、一見混沌とした、あるいは膠着した事態としてみなされやすい未定状況が、未来と結び合わされ、未定さのなかにありながらにして、今後に向かいゆく展望が拓かれるのである。

■偶有的《コンティンジェント》なものの見方で構成される物語世界

未定に関するこうした捉え方は、未定な状況にある人をエンパワーするような、支援的なフレームをあわせもっているように思える。未定さのなかでたたずむ人の、ある種の芯の強さのようなものに信頼をおく価値が、そこには浸透している。

こうした未定さ——維持の過程であるだけに捉えにくくもある——を読み解くうえで、**偶有的**《コンティンジェント》なものの見方が役に立つ。**偶有性**《コンティンジェンシー》とは、履歴、すなわち固有の歴史性をまとった人のライフを、文脈に埋め込まれ、連綿とした時間の流れとともにあり、必然でも偶然でもないようななかでなりゆく有り様として、理解しようとする概念である。縁といわれるようなことに近い意味合いをもつとも考えられるが、偶有的なライフは、語りの結びによって構成されるものでもある、と言うこともできよう。個人の力ではどうしようもない事態に遭遇し、過去を振り返ることもできなければ今後を見通すこともできないような未定さに捕らえられてしまったとき、そうしたなかで、偶有的な何らかの機会や人との出会いにより、切り拓かれ、実りゆくようなことがあるが、そこには当人の意味づけによる転換が介在するとも考えられる[1]。

長いトンネルを抜ければそこは輝く光に溢れていた、というような有り様は、光の方、つまり変容に、注意が引きつけられやすいのかもしれない。しかしながら、それまで気がつきようもなかったことに対して眼が見開かれる、価値観が変わる、というようなことは、むしろ、長く暗いトンネルのなかであり続けてきた当人の有り様を凝

[1] 安田裕子 2013「うしなう不妊・中絶」日本発達心理学会(編)『発達心理学事典』(pp.488-489) 丸善出版

視してこそ、理解を深めることができるのではないだろうか。偶有的なものの見方でライフの未定さを捉えようとすれば、生を享けた人の生きる力強い有り様がみえてもこよう。偶有的なものの見方を通したとき、人のライフの未定さを、維持を、いかに描き出すことができるのか。それは、重要かつチャレンジングな課題であるように思う。

〔安田裕子〕

■参考書
安田裕子 2012『不妊治療者の人生選択――ライフストーリーを捉えるナラティヴ・アプローチ』新曜社

2-4 画期をなすこと

■必須通過点と分岐点を画期点として

等至点を定め、そこに至りそこから分岐する複線径路を描きながら、必須通過点や分岐点を把握する。このことを通じて、ある経験のプロセスを捉えることはもとより、文化的・社会的な諸力のせめぎ合いを読み解いたり、文化的記号を取り入れて変容するシステムとしての人間の内的メカニズムを検討していくことができる。しかしながら、必須通過点や分岐点の効用は、そうしたことにとどまらない。すなわち、社会的な諸力や文化的記号のふるまいが捉えられるポイントは、時間とともにある人の歩みの一転換点であるという見方が成り立つのであり、必須通過点や分岐点は、人生径路や人間発達の変容・維持のプロセスを捉えるうえで時期を画するメルクマール（指標）の役割を果たすものとして、理解することができるのである。

■ライフイベントにより時期を画する

人生には、入園、卒園、入学、卒業、入社、結婚、退職、などといった、節目となるような**ライフイベント**が存在する。もちろん、保育所に入園した人もいれば幼稚園に通い卒園した人もいるだろうし、中学校を卒業して社会に出る人がいる一方で、大学院に入学して学びを継続する人もいる。また、会社に入らずに起業する、結婚しない（シングルである、事実婚である）、婚姻関係を解消する（離婚する）といった選択もあり、各節目は固定的なものでも絶対的なものではなく、多様性が認められることはいうまでもない。

こうした、人生において多くの人が経験するような社会的イベントを、人生を画するポイントとして、変容のステージが現れる様相を理解することはできる。そして、そうした節目における移行に重ねあわせて、人の発達的変容を捉えることには意味がある。なぜならば、**環境移行**という発達心理学の用語に示されるように、ある環境から新しい環境に移るなかで、移行先の環境に適応できることが、人の発達にとって重要であると暗黙裏に考えられている——常に文化的・社会的に要請されている——からである。たとえば、保育所や幼稚園への入園をきっかけに、家族（親子）関係中心の生活から仲間集団中心の生活様式へとかかわり、友達や先生との関係をいかに築くかといった課題が立ち上がる。義務教育課程である小学校へ入学すれば、学習という新たな課題に向き合うことになるだろう。そして、幼稚園や保育所、小学校といったシステムにおいて、そうした生活様式や学びの習得をねらいとする行事や学習カリキュラムは、月や学期や年度という単位でつくりこまれている。ゆえに、子どもたちの発達や学習の様相は、学校制度を背景に、月や学期や年度といった外在的な時間枠に沿って把握・評価されることとなる。

このように、人の発達や経験は――とりわけ学童期に焦点をあてれば――入学、月、学期、年度、卒業、といった、文化的・社会的・制度的に規定された外在的な枠組みの影響を多分に受けており、そうしたポイントをメルクマールにすれば、文化的・社会的文脈に埋め込まれた発達変容のステージを捉えることはできよう。制度や法律に代表されるような、非常に頑強な文化的・社会的な諸力の存在とその影響を浮き彫りにする制度的必須通過点の概念は、そうしたメルクマールになりうるものだといえる。

■当事者経験に即して時期を画すること、そこからみえてくること

ただし、入園、卒園、入学、卒業、入社、結婚、退職などに代表される、明示的なライフイベントやそれに付随する外在的な単位的時間を節目とするだけでは、当人の生きられたライフとそのステージを把握することは難しい。この難しさは、特に**未定状況**（Uncertainty）においてあてはまる。[1] 人生においては、たとえば、天災、事故、犯罪被害、解雇、離別、死別などのような困難にみまわれ、慣れ親しんだ文化的・社会的日常が崩壊してしまう事態に直面することもあるだろうし、また、不登校やひきこもりに代表されるように、文化的・社会的な制度や組織に「適応」できない状況に陥る人もいる。

[1]「2-3　未定と未来展望」を参照。

ここで留意すべきは、当事者経験にもとづき必須通過点や分岐点といった概念によって浮き彫りにした転換点を、当該経験の時期を区分するメルクマールとすることの意義である。当事者経験に即した内在的な事象により見定めた、画期点による時期区分は、実存的経験に接近するうえで、次のようないくつかの新たな地平を拓いてくれる。

まず、実存するライフの変容過程とそのステージの把握は、当事者目線の発達的・臨床的支援の検討につなげていくことができる、という実践的な意義である。関連して、臨床実践の事例研究における時期区分の適切性・真正性の検討に活用しうるものとなる[2]。臨床実践における事例研究では、クライエントの変容・維持の過程がカウンセラーの関わりとともに記述され、カウンセリング過程の力動を捉えることが眼目のひとつとなる。カウンセリングの実施回数ではなく、そうした、カウンセリング場面における、クライエントの経験の語り（意味づけ）の変容と援助者の関与の有り様から導き出される転換点をメルクマールにし、時期を区分することによって、実存的経験の変容・維持過程を、臨床実践における二者間の相互作用に照らして捉えられるのではないか、と考えているところである。

時期区分をした次のステップとして、ある一時期に照準を合わせ、拡大鏡をあてるかのようにしてその期の特徴的な過程を詳細に検討することが可能となり、分析上の展開につなげていくこともできる。こうしたことを通じて、他のシステム——たとえ

[2] 安田裕子 2014「質的データをどう扱うか——質的研究の手ほどき」『臨床心理学増刊 臨床心理職のための「研究論文の教室」——研究論文の読み方・書き方ガイド』6, 94-100. 金剛出版

ば、親子関係、夫婦関係、家族関係、所属する集団・組織など――に焦点をあてて、その変容・維持過程を捉える必要性がみえてくるかもしれない。安田ら[3]は、未婚女性の中絶経験をTEMで捉える研究において、中絶をした女性の経験、パートナー関係における中絶経験、というように、段階を踏んでその時間的プロセスを捉えている。さらに、画期点における質的変容を捉えることが重要である、という着眼点を得ることもあろう――そうした分析は、文化的記号の発生と価値の変容とあわせて行動選択を理解しようとする、発生の三層モデルが得意とするところである。また、9名程度のデータを分析対象とする場合になしうることとして径路の類型化があるが[4]、捉えられる複線径路は、必須通過点や分岐点を支柱にした類型化が可能となるのであり、そうした径路の類型化を行ったうえで、時期区分をする、という段階を踏んだ分析・把握の仕方もある。

このように、必須通過点や分岐点をメルクマールにして期分けを行い、ある時期に焦点をあてて描き出したTEM図と、長い時間軸を通し全体像を明らかにしたTEM図、異なるシステムに焦点をあてて描出したTEM図など、異なる位相の図を往還しながら段階的に、当該経験の変容・維持過程を捉えていくことができる。鳥瞰的にライフの全貌を見渡しつつ、一方で地べたを這う亀のようにしてより詳細に行動選択の多様性・複線性を把握するというように、分析者の立ち位置・視点を、マクロとミクロに自在に行き来させながら、実存的経験を把握・理解することが可能となるのであ

[3] 安田裕子・荒川歩・髙田沙織・木戸彩恵・サトウタツヤ 2008「未婚の若年女性の中絶経験――現実的制約と関係性の中で変化する、多様な径路に着目して」『質的心理学研究』7, 181-203.

[4]「1-5 TEM的飽和」を参照。

る。

また、描き出したＴＥＭ図において、研究者が一体どこに位置するか、という観点からの検討もおもしろい。そこには、当事者のライフに影響を及ぼす一存在として、**研究者の視点・所在・ふるまい**を捉えようとする姿勢が反映されている。とりわけ臨床実践事例の展開過程を分析・把握しようとする際に、顕著になる観点であるだろう。しんどさを携えて生きるクライエントの語りに、向き合い伴走する実践家（研究者）が、当人の経験への意味づけの転換にいかに関与しているのか／関与しうるのか[5]、という切り口からＴＥＭ図における研究者の位置取りにリフレクティヴになることは、ＴＥＡとナラティヴとの理論的・方法論的な融合可能性の検討につなげていきうることでもある。

そして実際に、研究者の立ち位置を意識するというメタ的な視点をもって、いくつかの研究が試行錯誤されてもいる。対象を捉えるとはどういうことかといったことが、質的研究の根幹をなす問いのひとつとして、質的研究全体において取り込まれ取り組まれていることを踏まえても、対象者と研究者（あるいは実践家）との関係性や対話性、距離感の検討にセンシティヴかつ果敢にアプローチすることは、ＴＥＡ研究においてもおもしろくまた重要な営みとなる。

〔安田裕子〕

[5] 安田裕子 2012「臨床実践への適用可能性」安田裕子・サトウタツヤ（編著）『ＴＥＭでわかる人生の径路――質的研究の新展開』（pp.171-178）誠信書房

■参考書
岡本祐子（編著）2010『成人発達臨床心理学ハンドブック――個と関係性からライフサイクルを見る』ナカニシヤ出版

第Ⅱ部　ＴＥＡというメソドロジー

3章

TEMの評論、評論としてのTEM

3-1 発達的時間

相対的な静止と変化の入れ子

発生（genesis; development, 発達）とは、何かが何かになりつつあるということである。ベルクソン流に言えば「持続」である。サトウらが述べるように[1]、TEMがベルクソン的時間論に依拠しているのであれば、研究対象も、それを取り囲む文化も他者も、人工物も自然環境も、すべての存在は発達（変化）の相のもとにあると考えなければ、すなわち「持続」とみなさなければならない。しかし、持続をそのまま研究対象とすることは不可能でないにせよ、困難である。

■異時間混交性によって開かれる発達研究

なぜなら、研究遂行には言葉による記述が必要であるが、発達が常に進行形であるのに対して、言葉による記述は完了形でしかありえないからである。そこで、持続を本性として基本的に認めながら、ある範囲内で無時間的な思考を適用しなければならない。ある存在に名称を与えたり（「X氏」「A大学」など）、存在をカテゴリーに分類したり（「不妊治療を受けている人」「10代出産経験者」など）することによってである。「進

[1] サトウタツヤ・安田裕子・木戸彩恵・髙田沙織・ヤーン＝ヴァルシナー 2006「複線径路・等至性モデル——人生径路の多様性を描く質的心理学の新しい方法論を目指して」『質的心理学研究』5, 255-275.

[2] 香川秀太 2009「異種の時間が交差する発達——発達時間論の新展開へ向けて」サトウタツヤ（編著）『TEMではじめる質的研究——時間とプロセスを扱う研究をめざして』(pp.157-175) 誠信書房

[3] 森（2009）は、次のようなサッカーの例によって、このことを説明した。プレイヤーが行うことは、「ボールをもった味方をひとつの頂点とする三角形

行形に完了形の記述を与える」とは、ある範囲内で持続を静止させることである。文化や制度についても同様である（「おもてなし文化」「年功序列の賃金制度」など）。こうすることで、存在を思考対象として運用できるようになる。

これを可能にするものは言語（記号）表現である。「ある人物の職歴」の記号化を行えば、この幅において時間は静止している。「今は常勤講師だが、前は非常勤講師だった」と記号化すれば、「ある人物の職歴」という静止相のもとで、「非常勤から常勤へ」という変化を特定することができる。さらに「講師から准教授、そして教授」と記号化すれば、「常勤」という静止相との対照で「昇進」という変化を特定することができる。TEM研究において実際的に適用される時間は、相対的な静止と変化の入れ子状態として概念化されたものである。

記号により相対化され、かつ入れ子になったさまざまな幅の接触として現実をとらえる必要は、香川[2]によって指摘され、そのありようは**異時間混交性**と呼ばれた。異時間混交性という概念化を経ることで、発達研究が可能になる。よって、このような時間を**発達的時間**と呼ぶことにする。

■諸運動体とそれらの接触の特定から発達を描く

研究対象は元来もっている特性、および発達の履歴によって、システムとして独自の運動を獲得する。記号による相対化によって、この個別かつ独自の運動体が特定さ

の布陣を作り続ける」と記号化される運動である。頂点から頂点へボールが移動するとき、その行為は「パス」と呼ばれ、ある頂点からゴールに向かってボールが移動するとき「シュート」と呼ばれる。選択される行為の名称は異なるが、同じ運動に基づく結果である。

森直久 2009「第一期TEM完成、その後」サトウタツヤ（編著）『TEMではじめる質的研究——時間とプロセスを扱う研究をめざして』(pp.75-91) 誠信書房

[4] 詳しくは、森（2012）、吉田（2002）を参照のこと。

森直久 2012「発達研究の枠組みとしてのTEM」安田裕子・サトウタツヤ（編著）『TEMでわかる人生の径路——質的研究の新展開』(pp.165-171) 誠信書房

吉田寿夫 2002「研究方法に関する基本姿勢を問う——本来の姿ないし基本に戻ろう」下山晴彦・子安増生（編著）『心理学の新しいかたち【方法への意識】』(pp.73-131) 誠信書房

れ、それと異なる時間幅をもった別の運動体である文化や人工物、自然物、他者との交渉（特に言語的交渉）もまた特定され、両者の接触を考察することができるようになる。

しかし、私たちがまず現象として目にすることができるのは、そのような接触の結果である。つまり、選択された出来事とそれらを結ぶ径路である。この結果だけを図式化したものが**ＴＥＭ図**である。私たちはここから、結果を生成した諸存在の接触を特定しなければならない。たとえば「大学に常勤職を得る」を等至点として定め、**歴史的構造化ご招待**（Historically Structured Inviting：ＨＳＩ）によってX氏を抽出したとする。そして彼が、「コンビニのアルバイトをする」「家庭教師のアルバイトをする」「大学の非常勤講師をする」という径路を経て、等至点に至ったとしよう。まずX氏という運動体は「常に○○し続けている」存在として特定されることになろう。たとえば、「研究者ステイタスへの野心を燃やし続けている」かも知れないし、「より豊かな生活を可能にする収入を希求し続けている」かも知れない。研究対象の運動を取り囲む諸存在の運動も、あわせて特定しなければならない。X氏の運動を取り囲み、影響関係にあった諸存在は何だろうか。「大学の格付け」だろうか、「職業による賃金の格付け」だろうか。私たちは選択された径路や研究対象に作用していたと思われる諸影響を推測し、両者の接触の結果として、径路選択を説明してゆくことになる。[3]

さらにこのような分析は、等至点からの発達をも予測する。X氏の運動が「安定し

[5] 人と文化が直接接触するわけではない。文化の成員たち（あるいは異文化の成員と）が産出し合う言動を媒介として、人と文化は接触するのである。この事例であれば、「昇級は一年ごとだ」とか「年功序列の給与体系なんだよ」という教職員の発言をX氏が聞く、などである。文化との接触については、森（2009）で詳しく述べておいた。森
森直久 2009 前掲書

[6] 諸存在間の影響が決定論的でなく、かつ諸存在のそれぞれがシステムであるとすると、各システムは閉鎖系であり、それらの間の影響はシステムカップリング（不定さを含む影響関係）と考えるべきである。ベルタランフィの開放系システムで

た収入を希求し続ける」であれば、大学以外への転職の可能性を指摘することもできる。「研究者ステイタスへの野心を燃やし続ける」であれば、「有名大学への転出」や「著名学会での地位向上」が見込まれるかもしれない。

研究対象者を取り囲む諸存在の影響については、X氏以外の対象者をHSIによって抽出し、径路を比較することで、「大学に常勤職を得た者」を取り囲み、影響する諸存在を特定することが可能であろう。もっとも、どのような存在と影響関係にあるかもまた、個別である可能性があるため、複数の研究対象者から安易に「平均値」をとろうとしたり、プロトタイプを同定しようとしたりするのは誤りのもとである。よって、各個人からの豊かなデータ採取が望ましいことは、言うまでもない。また、同一カテゴリーに属する対象者だからといって、複数人の運動の軌跡（径路選択）の重ね合わせを一個人の運動から産出される可能性がある軌跡であるとみなすのは、間違った結論を導く可能性がある。いわゆる、個人間変動を個人内変動とみなすことに付随する間違いである。[4]

■発達における曖昧さと不定さ

研究対象を含む諸存在は、互いに影響し合いながら、各々の発達的運動を制約する。そして具体的な現象を選択径路として示していく。「より豊かな生活を可能にする収入を希求し続ける」X氏が、「賃上げに慎重であり続ける」A大学に就職し（A大学

は、システム内の構成素が外部から流入するものと同一であり（たとえば、化学反応を考えよ）、その影響関係は決定論的、たかだか曖昧さという確率論的不確かさがあるだけである。TEMが依拠する発生の三層モデル（Valsiner, 2007）や、関係性の細胞膜モデル（Valsiner, 2009）では、明らかに閉鎖システム同士のカップリングが描かれている。ヴァルシナー自身が、これを開放システムと呼んでいるのは（Valsiner, 2009, p.184）、システム論的には疑問である。

Valsiner, J. 2007 *Culture in minds and societies: Foundations of cultural psychology.* New Delhi: Sage.（サトウタツヤ（監訳）2013『新しい文化心理学の構築――〈心と社会〉の中の文化』新曜社）

ヤーン・ヴァルシナー／福田茉莉・大野カヤ（訳）2009「未来に向かう――過去を形成する、永続する不確定性とともに生きる」サトウタツヤ（編著）『TEMではじめる質的研究――時間とプロセスを扱う研究をめざして』（pp.176-185）誠信書房

文化との接触[5])、ほどなく「別職種への転職」(X氏の運動とA大学文化の接触の結果)を果たす。逆に、X氏という貴重な人材を失ったとみなしたA大学に「給与体系の改訂」(A大学の選択)が生じる。存在間の影響関係は、決定論的関係ではなく制約関係であるから、選択を正確に決定することはできない[6]。決定論的にみえたとしても、単に制約が強いだけに過ぎない。発達に伴う不確かさは2種に区別されるべきである[7]。すなわち**曖昧さ**(vagueness)と**不定さ**(indefiniteness)である。曖昧さとは、複数ある選択肢からどれが選ばれるかにまつわる確率論的な不確かさであり、一方、不定さとは選択肢の範囲を前もって決定できないような不確かさである。範囲が決められなければ選択肢を枚挙することができず、確率論的にもその不確かさを特定することができない[8]。

発達の本性とは不定さである。それが曖昧さとみえるのは、諸存在の制約が特定方向に強く働いている(縮減されている)からである。「進学か就職か」迷う高校生が、「仙人になる」選択や「女性に食わせてもらうヒモになる」選択を思いつくことはまずない(文化的に不定さが曖昧さに縮減されているからである)。研究対象者の発達的時間への制約として、文化をとらえていくこともまた、発達研究としてのTEM研究である。

〔森　直久〕

[7] 安田・サトウ(2012)では、この区別が明確でないように思われる。
安田裕子・サトウタツヤ(編著)2012『TEMでわかる人生の径路――質的研究の新展開』誠信書房

[8] 郡司ペギオ-幸夫 2004『原生計算と存在論的観測』東京大学出版会

■参考書

松野孝一郎 1991『プロトバイオロジー――生物学の物理的基礎』東京図書

発生(発達)研究としての、あるいはシステム論としてのTEM研究を十全に近づけるために、内部観測論の参照が今後必要となるように思われる。同著者による入門的な本も近年出版されているが、それらの源泉となる本をあげておく。

3-2 前方視

TEAと生涯発達との交差から捉えるライフの豊かさ

複線径路等至性アプローチ（TEA）とは、時間を捨象せず、個人の変容を社会との関係で捉え、記述しようとする文化心理学の方法論である。[1] TEAの重要な特徴のひとつは、個人は開放系（オープンシステム）[2]のなかで、決して後戻りしない時間経過（非可逆的時間）とともに生きていると考えることである。[3] そこで、本項では、その前提として**前方視的**（prospective）**な見方**があるとし、TEAが生涯発達における**ライフ**（生命、生活、人生）の豊かさを捉えていることについて述べてみたい。ここで、前方視的な見方とは、まだ事象が生起していない時点で、それを見通すときにみえてくるものを捉えようとすることをいう。

■獲得と喪失としての発達

ところで、開放系や非可逆的時間を考慮に入れた発達理論は、TEAだけではない。たとえば、ラーナー[4]の**発達システム理論**（developmental systems theory）がある。この理論では、発達をダイナミックなシステムとして捉え、絶えず変化していく能動的

[1] 安田裕子 2012「これだけは理解しよう、超基礎概念」安田裕子・サトウタツヤ（編著）『TEMでわかる人生の径路——質的研究の新展開』(pp.1-2) 誠信書房

[2] 開放系とは、外部に開かれたシステムをいう。対照的に、エネルギーの交換のみを外部としているシステムを閉鎖系（closed system）と呼ぶ。

[3] サトウタツヤ 2012「質的研究をする私になる」安田裕子・サトウタツヤ（編著）『TEMでわかる人生の径路——質的研究の新展開』(pp.3-11) 誠信書房 p.3.

[4] Lerner, R. M. 2002 *Concepts and theories of human development* (3rd ed.). Mahwah, N.J.: Lawrence Erlbaum.

な個人が絶えず変化していく環境と相互作用し、一人ひとり違った個性をもつ個人がさらに個性的に発達していくと考える。この理論は、個人の発達や**人生径路の多様性と複線性**を描くという点で、ＴＥＡと共通していよう。

しかし、ＴＥＡに特徴的なのは、何よりも、個々人のライフに関するテーマについて、その人が生きてきた時間を重視しながら考えるという点であろう[5]。安田[6]は、人が生きていくうえで直面した、ライフサイクルにおける心理的な困難や危機とそこからの回復過程という、人の生きる有り様に迫るとき、ＴＥＡという方法論が有効であるとしている。ライフの豊かさを捉えることができる点がＴＥＡの長所のひとつなのである。

個人のライフを捉えようとする関心は**生涯発達**という観点と重なる。バルテス[7]によれば、個体発生としての発達は生涯にわたる過程であり、どの年齢も発達の性質を調整する特別の地位をもたない。しかも興味深いことに、バルテスは、発達の過程は単純に成長への増大といった高次の効力感に向かう運動といったものではないと指摘する。むしろ発達は、人生を通じて、常に獲得（成長）と喪失（衰退）がともに起こることで成り立っている、と述べている。**獲得と喪失としての発達**という考え方は重要な問題提起である。

やまだ[8]はこの獲得と喪失としての発達という考え方を、さらに、**発達の両行モデル**（Ryoko（Parallel Going）Model）として発展させている。両行モデルとは、複数の機

[5] サトウ 2012 前掲書 p.3.

[6] 安田裕子 2012「はじめに」安田裕子・サトウタツヤ（編著）『ＴＥＭでわかる人生の径路――質的研究の新展開』(pp.i-iii) 誠信書房 p.ii.

[7] Baltes, P. B. 1987 Theoretical propositions of life-span developmental psychology: On the dynamics between growth and decline. *Developmental Psychology, 23*, 611-626. p.614.

[8] やまだようこ 1995「生涯発達をとらえるモデル」無藤隆・やまだようこ（編）『講座 生涯発達心理学 第1巻 生涯発達心理学とは何か――理論と方法』(pp.57-92) 金子書房 p.90.

能を同時に考え、ある観点からするとプラスであり、別の観点から見るとマイナスとみなすものである。たとえば、停滞は獲得からするとマイナスとしかみえなくても、喪失からみると「失わないでいる」過程としてプラスに考えることができる。「不在（ない）」は、「ある（存在）」の否定ではなく、「ない」というかたちでの存在であるとされる。プラスとマイナスの両方を同時にみることができる見方は生涯発達という考え方の核心といえよう。

たとえば、安田[9]は、生涯発達の観点から、不妊治療でも受胎しなかった女性たちの経験について描いている。彼女たちは、子どもを産み育てるという自己像や家族像が崩壊するという衝撃を受けたのみならず、不妊治療によってもそうした人生展望を実現できないという二重の喪失に直面していた。しかし、このような悩み苦しむ経験を経て、たとえ子どもを産み育てることができなくても、あるいはできないからこそ、新たに開かれる方向性や歩むことのできる道があると認識を転換し、実子を産み育てる以外の営みに自らのアイデンティティを探求していった。安田は、こうした彼女たちの生成・変化のなかに、成人期女性の生涯発達をみてとったのである。

安田[10]は、非血縁の子どもを育てる選択に注目しているが、それを過度に価値づけてはいない。それどころか、養子縁組という選択肢を画一的に勧めることを戒めている。第三の選択肢が明示化されることで、女性の選択肢と視野の広がりや人生展望の再構築、さらにはこの世に生を受けた子どもの生命と生活の保障といった、女性と子ども

[9] 安田裕子 2012『不妊治療者の人生選択——ライフストーリーを捉えるナラティヴ・アプローチ』新曜社 p.37.

[10] 安田裕子 2012 前掲書 p.260.

のライフのつながりが可能になることのほうに、安田は目を向けるのである。ここにライフの豊かさを捉えるという立脚点の大切さが示されている。

■未定の未来に向かって進む

以上のように、非可逆的時間を取り入れた開放系の考え方からすると、未来は決して予定調和ではない。たとえば、養子縁組に対する制度的・慣習的な仕組みを含む日本の社会のありかたが変われば別の選択肢が出てくるし、パートナーを含む家族など他者との関係性が違えば、さらに人生の見通しは変わってくる。このように、条件とのかかわりばかりでなく、その条件自体も変化するため、事態は複雑になってくる。いずれも未来は過去の単なる繰り返しとは限らない。発達とは、社会や他者とのかかわりで進むものであり、必ずしも結末が決まっていない**未定**（Uncertain）の未来に向かって非可逆的に進むものなのである。

生涯発達は、これまで個人が経験してきたことの単なる反復でもなければ、他人のものまねでもない。発達は、経験される個人にとっては、どうなるかわからない未定の未来に向かって進むことを含むものであり、それゆえ、それまでに経験したことのないものの創造として体験されうる。そのため、生涯発達には、発達の過程をこれから先のこととしてみていく前方視的視点を含むことが必要であり[11]、そうした視点も含んでいることがＴＥＡの優れた可能性のひとつであると考える。〔白井利明〕

[11] 白井利明は回顧的に得られた人生のデータを前方視的な視点から再構成する方法（前方視的再構成法）を提案している。
白井利明 2010「人生はどのように立ち上がるのか――『予期せぬ出来事』に着目して」『心理科学』37(1), 41-63.
白井利明 2013「人生の立ち上がりとその支援――時間的展望の視点から」『ナラティヴとケア』4, 88-93.
白井利明 2015「青年期のコンフリクトを親子はどのように体験するか――前方視的再構成法を使って」『青年心理学研究』印刷中

■参考書

日本発達心理学会（編）／子安増生・白井利明（責任編集）2011『発達科学ハンドブック 第3巻 時間と人間』新曜社

3-3 ポドテクスト
ヴィゴーツキー理論とTEM（TEA）

■経験の径路を捉えるということ

ヴィゴーツキー理論の最も本質的な特徴は、人間の意識（高次心理機能）は言葉に媒介されて発達すると考える点にある。言葉は人間が、歴史的、社会的に創造してきた記号体系であり、人間の文化を最も典型的に体現するものである。このような言葉による媒介をその発達理論の中心に据えているがゆえに、ヴィゴーツキー理論は**文化－歴史的理論**と呼ばれるのである。

ヴィゴーツキー理論では、意識の発達を導く中心的な心理機能は言語的思考であり、言語的思考とは内言（内的言葉）に媒介された思考のことである。この言語的思考は、媒介する内言の意味論の観点からは、２つの局面においてその特質を捉えることができる。ひとつは、内言の意味の一般化と体系化の水準に基づいて、言語的思考が複合的思考から概念的思考へと発達していく高次化の局面である。いまひとつは、言葉の意味における意義と「意味」[1]の関係から、意識における内言の意味——つまり、心理的、内面的な意味——の展開を捉える多様化・豊富化の局面である。

[1] 言葉の意味の領域のうち、状況や文脈が異なっても不動不変の安定した意味の領域を意義と呼び、他方、状況や文脈が異なれば——状況や文脈に規定されて——容易に変化する意味の領域を「意味」と呼ぶ。

ヴィゴーツキー理論の見地からTEM（TEA）について論評する場合には、何よりも後者の局面との関係を考えることが不可欠である。なぜならば、TEMは**個人の経験の径路**を捉えようとするものであり、そのことは、社会学的見地からはともかく、心理学的見地からは、個人の行動選択の背後にある内面的な意味の有り様を明らかにすることであるはずだからである。つまり、心理学的には、個人の経験を捉えるということは、行動や出来事の径路を明らかにするだけではなく、行動や出来事の背後に存在する個人の欲求や動機や意図や思考など――これをヴィゴーツキーは演劇論から学び、**ポドテクスト**（подтекст）と呼んでいる――の径路をも明らかにすることなのである。それは、個人の心理的、内面的な意味の変容プロセスを捉えることにほかならない。

■心理的、内面的な意味の変容プロセスを捉えるために

内言の最も本質的な特徴は、その形式的、統語的な側面が最大限に省略され、極小となる――ほとんど述語だけ――ことと裏腹に、その心理的、内面的な意味の側面が独立し、独自の運動法則をもつ膨大な意味のシステムを形成しているという点にある。個人の意識はこのような多様で豊かな内言の意味によって構成されており、それが意識の実体なのである。それゆえ、個人の経験における心理的、内面的な意味の変容プロセスを捉えるためには、個人に独自の意識の有り様とその変化を捉え、分析するこ

とができる特別な方法が必要とされる。

筆者が現在のところ推奨する方法は、**グラウンデッド・セオリー・アプローチ（GTA）**[2]である。その理由は、ひとつには、GTAでは、切片化されたデータからプロパティとディメンションに基づいて概念・カテゴリーの生成を行っていくコーディングの手続きが、KJ法やM-GTA（修正版GTA）などと比べて、その透明性と検証可能性において際立っているからである。いまひとつは、生成されたカテゴリーをパラダイムによって関係づけて関連図とストーリーラインを描き出す手続きが、現象――ここでの議論の文脈では心理的、内面的な意味の有り様――の構造とその変容のプロセスを捉えうるものであるからである。TEM図の上にこのストーリーラインを重ねることができるならば、個人の経験の径路を、行動や出来事の変化とともに、その心理的、内面的な意味の変容プロセスとしても明示していくことが可能になる。

[2] 戈木クレイグヒル滋子（編）2013『質的研究方法ゼミナール第2版――グラウンデッドセオリーアプローチを学ぶ』医学書院

■心理的、内面的な意味の変容プロセスとTEA

TEMがその初めから、経験における心理的、内面的な意味の変容プロセスをも捉えようとしてきたことは、TEMによる研究の草分けである安田[3]の研究をみれば明らかである。そこでは、等至点、必須通過点、分岐点でいったん一括りにした各人の経験がそれぞれに固有な意味を有し、多様であることを捉えるために、行動選択に関わる各人の思いや意味づけについてもケーススタディされている。このケーススタディ

[3] 安田裕子 2009「不妊治療経験者の子どもを望む思いの変化プロセス――不妊治療では子どもをもつことができなかった女性の選択岐路から」サトウタツヤ（編著）『TEMではじめる質的研究――時間とプロセスを扱う研究をめざして』（pp.17-32）誠信書房

がTEM図の考察に加えられることにより、心理学的研究としての厚みが増している。

近年ではTEAの理論的基礎として、記号を媒介に変容していく人間の内面的過程を捉えるために、**発生の三層モデル**（Three Layers Model of Genesis：**TLMG**）が導入されている。このモデルに従って、TEM図に個人の意味づけの変容プロセスを重ねようと試みた研究[4]もみられる。また、最近の研究会では、中心にTEM図を配置し、その上段と下段に各出来事に関わる当事者の心理的意味づけを系列的に表示することにより、その変容プロセスの可視化を試みている研究[5]も登場している。このように、TEAに基づく心理学的研究は、あくまでも客観的なフレームと心理的な意味の有り様とを切り離さずに、個人の経験の変容プロセスを捉えようとしている点にその独自の特徴がある[6]。

個人の経験の心理的、内面的な意味の変容プロセスを捉えようとする場合、TEAの強みは、TEMによって必須通過点、分岐点、等至点といった人生の重要な画期点が明示されるので、そこに焦点を絞って、その前後のドミナントな意味の変容プロセスを捉えることができるということだ。人生の画期点だけに、ここでの心理的、内面的な意味の変容プロセスを捉えることができるかどうかは、心理学的研究としての成否に関わるものであるだろう。それゆえに、ここでは、取り出された意味の変容プロセスについて誰もが納得できる、精緻で透明性と検証可能性の高い質的研究方法を採用することが求められる[7]。

〔中村和夫〕

[4] 廣瀬眞理子 2012「ひきこもり親の会が自助グループとして安定するまで」安田裕子・サトウタツヤ（編著）『TEMでわかる人生の径路――質的研究の新展開』(pp.71-87) 誠信書房

[5] 松山博明「アジア貢献事業で海外に赴任した指導者における心理的変容のプロセス」2014年2月28日開催のTEA研究会（立命館大学）での発表資料。

[6] 現在のところ、研究会として、そのための工夫と試みがさまざまに、活発に行われているところである。

[7] GTAを含めて、どのような方法がTEAの心理学的研究に最もふさわしいものなのか、この点においても、今後のさまざまな検討と追究が期待される。

■参考書

中村和夫 2014『ヴィゴーツキー理論の神髄――なぜ文化-歴史的理論なのか』福村出版

3－4　ナラティヴ研究とＴＥＭ

その発想はどこで交差し、どのように響きあうことになるのか

ナラティヴ・ターンと呼ばれる思想的な転回の後、人は単一の客観的世界を生きているのではなく、解釈を施され特定のプロットのもとで結びつけられた物語的な現実を生きているという発想が心理学においても広がっている。**ナラティヴ**（語り／物語り）とは、複数の出来事が言葉によってつなげられてひとつのまとまりをなしたものであり、同時にそれを作りだすことである。[1] ナラティヴ研究では、表現されたナラティヴを中心に分析を進めて人びとの実存や生活世界の理解を深めることがしばしば目標とされるが、それだけではない。ナラティヴを具体的な文脈のもとでの行為とみなしてその構築過程を捉えようとしたり、さらには、新たな意味の可能性を探りつつ個人の生を支えるナラティヴを創造したりすることも、実践性を重視するナラティヴ研究のめざすところである。[2] 本項では、ＴＥＭの考え方や方法がナラティヴ研究とどこで交差し、どのように響き合いながらお互いを発展させる契機となりうるのかを議論する。

[1] 森岡正芳 2013「ナラティヴとは」やまだようこら（編）『質的心理学ハンドブック』（pp.274-293）新曜社

[2] ナラティヴの発想をひとつの基礎にして実践研究を行っていく試みは、心理学のみならず、教育、医療、看護などの領域でも行われている。「ナラティヴ」の意味の複数の側面についての詳細は、次の文献を参照のこと。
　能智正博 2007「“語り”と“ナラティヴ”のあいだ」能智正博（編）『〈語り〉と出会う――質的研究の新たな展開に向けて』（pp.11-72）ミネルヴァ書房

■時間とともにある体験をとらえる

均質で計測可能なニュートン的時間ではなく、不均質で非可逆なベルクソン的時間とともにある人間を描き出すというTEMの目論見《もくろみ》は、物語的に構築された個人の体験世界を内側から描き出そうとするナラティヴ研究とも親和性が高い。人は誰も、誕生という**必須通過点**と死という**等至点**をもつ多様な径路のどこか中間で、未完成の物語りを作り続ける。そこでは、過ぎてしまった「取り返しのつかない」過去の出来事と現在が結びつけられ、完全な予測ができない未来と現在とが結びつけられて、現在の生や行為に意味が与えられる。この点からすれば、「過去」も「未来」も「現在」に浸透した形で体験されているとも言える。[3] TEMは、このような人生の時間の体験を探求するために、概念的な道具立てを提供してくれている。

ただ、こうした個人の体験する時間をTEM図において一本の矢印で空間的に示すのは、TEMの前提をシンプルに伝える一方で、時間とともにある体験を限定的にしか表現していないとの誤解を生み出してしまうかもしれない。なるほど人は、人生を振り返ったり展望したりするという態度のもとで、自分の生を空間的に表象することがある。しかし、そもそもベルクソン的な時間の特徴である純粋持続は——時間体験をとらえるためには極端すぎるという批判はあるにせよ[4]——、空間的には表現できないという点をその本質としていたのではなかっただろうか。浜田[5]は近年、経験を客観的・空間的にとらえる俯瞰的なまなざしと、身体性に拘束されその時その場で体験さ

[3]キーンは現象学的心理学の立場から、記憶（過去）と予期（将来）の相互作用のなかで行為が生成する様子を具体的に記述している。
Keen, E. 1975 *A primer in phenomenological psychology*. NY: Holt, Rinehart & Winston.（吉田章宏・宮崎清孝（訳）1989『現象学的心理学』東京大学出版会）

[4]木村敏 1982『時間と自己』中央公論社

[5]浜田寿美男 2009『私と他者と語りの世界——精神の生態学へ向けて』ミネルヴァ書房

れる「臨場世界」とを区別し、前者の視点に限定して物事を理解しようとすることの問題性を指摘している。ＴＥＭの開発者がこうした点を意識していないわけではないのだが、[6] それを使う一人ひとりの研究者も、図としては表しえない時間性の本質についても常に意識しておくべきであろう。

■時間の往還のなかで浮かび上がる現在

やまだ[7]によれば、ナラティヴにおける時間は、ある意味で可逆的な性格ももっているという。たとえば、過去の出来事が現在の状況から意味づけられ、状況が変化すればその意味づけも変化する。また、「もし〜していたら、今の私は……」という、自己語りでよくみられる仮定法の形式も、時間を逆行して過去に戻りそこから現在の意味づけを見直そうとしている点で、遡行的な運動を含むものである。実はＴＥＭの理論は、そうした意味づけが生じる仮想的な場所を示唆しているように思われる。すなわち、「分岐点」は選択されなかった径路を通じて現在が照らし出される可能性の場であり、ここにも、過去と現在が往還し時間が相互に浸透する契機がある。

その一方、未来はまだ実現されていない複数の径路に開かれており、過去とは異なっていずれもまだ、いわば仮定の世界のなかにある。しかし、仮定された未来の視点に立つことが、現在の意味づけを変化させうるのもまた事実である。死という「等至点」に立つことが現在の自分に関わるナラティヴに影響を与えることは、これまでも何度

[6] サトウら（2006）は、「矢印は方向性を示しているのではなく、視覚上の工夫として持続を表しているだけである」（p.262）と述べている。

サトウタツヤ・安田裕子・木戸彩恵・高田沙織・ヤーン＝ヴァルシナー 2006「複線経路・等至性モデル――人生径路の多様性を描く質的心理学の新しい方法論を目指して」『質的心理学研究』5, 255-275.

[7] やまだ（2010）は、時間イメージを「前進する」、「循環する」、「居る」に分けたうえで、ナラティヴの観点からみる場合「前進」以外の時間概念が不可欠になることを主張している。

やまだようこ 2010「時間の流れは不可逆的か？――ビジュアル・ナラティヴ「人生のイメージ地図」にみる、前進する、循環する、居るイメージ」『質的心理学研究』9, 43-65.

か指摘されてきた[8]。死は誰にとっても必然だが、他にも非常に多様な形の未来があり、それぞれが独特のやり方で語り手の今を支えるだろう。そこには「きっと」、「たぶん」、「ひょっとしたら」など確からしさの違いや、「～ありたい」、「～あるべき」、「～あらざるをえない」などのコミットメントの違いがある。TEM図の範型には将来展望も過去と同等に重要な要素として組み込まれているが、実際の研究では今後いっそう精緻化していくべき領域のように思われる。

■社会・文化のなかで生み出される径路

TEMで描き出される人生の径路は、文化・社会との関係性のなかで生まれてくる。この点は文化心理学を背景に発展してきたTEMにおいてはほとんど自明の前提であり、文化をとらえることはTEM研究の目標のひとつでもある。実際、その道具立てである「社会的助勢」や「社会的方向づけ」の概念はもちろん、「必須通過点」も社会・文化的制約を見出す手がかりとして機能することが指摘されている[9]。ここで文化は、人生の径路の外側に実体として存在しているというよりも、人生の径路の内側に埋め込まれた――ということは、個人の経験の内部に取り込まれた――ものである。この点は、近年のナラティヴ研究にも共有される発想である[2]。

しかし、自分の人生の径路を語る個人はもうひとつの文化にも関わっている点も忘れることはできない。それは、語りの現場で聞き手との間において揺れ動く関係性で

[8] ナラティヴ研究ではたとえば、次の文献の第7章など。
Crossley, M. L. 2000 *Introducing narrative psychology*. Buckingham, UK: Open University Press.（角山富雄・田中勝博（監訳）2009『ナラティブ心理学セミナー』金剛出版）

[9] 安田裕子 2009「未婚の若年女性の中絶経験の変化プロセス――その経路をTEM図で描いてみる」サトウタツヤ（編著）『TEMではじめる質的研究――時間とプロセスを扱う研究をめざして』(pp.57-74) 誠信書房

あり、人生の径路を表す物語りは、その場で産み出される文化的条件にも影響されつつ語り直され続ける。たとえば魅力的な異性のインタビュアーの問いかけに対して、失恋という「分岐点」を強調する若いインタビュイーもいるかもしれない。インタビューの具体的な関係性のなかでたまたま表出されたものだとしても、そこにも社会文化的な制約と促進を見て取ることは可能である。また、そうした表出が他者と共有される場面は、人生径路の可能性が発生する現場であるとも言えるだろう。**ナラティヴの生成の相互作用的側面**を分析していくひとつの手段として、近年ではこのようなディスコース分析的な方法が使われることも多くなりつつある。[10]同時にそれは、ＴＥＭにおける複線径路の構築を文化という視点から理解するための、もうひとつの手がかりとしても役立つことになるだろう。

〔能智正博〕

[10]バンバーグ（2012）は、ナラティヴ分析の類型として、言語形態に注目した分析、認知構造に注目した分析の他に、相互作用に基づく分析を特に重視している。

Bamberg, M. 2012 Narrative analysis. In H. Cooper et al. (Eds.) *APA handbook of research methods in psychology* (vol.II, pp.85-102). Washington, DC: American Psychological Society.

■参考書

やまだようこ・麻生武・サトウタツヤ・能智正博・秋田喜代美・矢守克也（編）2013『質的心理学ハンドブック』新曜社　第4章「ナラティヴ研究とインタビュー」

3-5 研究ツールとしてのTEM

TEMをいつ使うのか

研究方法論というツールを考える時には、それをどのような対象に、どのような目的で用いるかということと並んで、研究や実践のなかでそれをいつ使うのかということが重要になってくる。TEA、そしてTEMやその主要なテクニックであるTEM図をどのような対象にどのような目的で用いるかについては、この本の他の部分で詳しく述べられているが、ここでは「TEMをいつ使うのか」に焦点をあてて、研究と実践を深めるTEMの使い方について考えてみたい。

■リサーチ・クエスチョンの発見とTEM

TEMとの関係が深い質的研究では、「科学的」な量的研究のように先行研究によってリサーチ・クエスチョンが特定されていて、そのなかで自分が食い込めるニッチを探すというような研究のスタートは比較的少なく、研究者個人のもつ興味や違和感から研究がスタートすることが多い。その際には、そうした漠然とした興味や違和感を研究というかたちに育てていけるようなリサーチ・クエスチョンに変換する必要がある。そこで役立つのがＴＥＭである。

リサーチ・クエスチョンの多くは、事象のなかにある（隠れている）選択肢や、時間の流れとそれに伴う事象の変化と結びついているが、それらはＴＥＭが捉えようとするものと共通していることはいうまでもないだろう。

飼い犬を保健所に連れて行って殺処分させる飼い主が多いことをテレビで見て強い違和感を抱き、それについて研究してみたいと思ったが、どこから、何から手を付けていいかわからない。そういう時には自分がそういう飼い主になったつもりで「犬を保健所に連れて行く」「犬を飼い続ける」という等至点をもつ「ＴＥＭ図もどき」を作ってみる。

犬を飼い始める、さまざまなトラブルや環境・状況の変化が起きる、そこで他者や制度からのサポートを受けられる、または受けられない、といったさまざまな必須通過点と分岐点がイメージされるだろう。その時間の流れのあちこちにリサーチ・クエスチョンとして選択すべき要素がみえてくるし、仮定された分岐点で分かれる矢印の双方に「データを取るべき対象となる人」がみえてくる。もしそれがみえてこないなら、その問題についてもう少し考えたり、本を読んだりしてみたほうがいい。

以前も書いたように[1]、これは私自身が学生の卒業研究を指導する際にしばしば利用している方法であり、学生たちは自力でどんどん図を書いていくのである。

[1] 渡邊芳之 2009「仮説生成ツールとしてのＴＥＭ」サトウタツヤ（編著）『ＴＥＭではじめる質的研究——時間とプロセスを扱う研究をめざして』（pp.130-138）誠信書房

■共通性と差異の発見とTEM

リサーチ・クエスチョンが発見され、どのような人からデータを取ったらよいかが定まったら、インタビューなどを通じてデータを集める。そこで発見しなければならないのが、その事象との関わりにあらわれる**個人間の共通性と差異**である。ここでもまた、今度は実際のデータに基づいてTEM図を書いていくことが、共通性と差異の発見に大きく役立つ。

犬を保健所に連れて行ったことのある人数名にインタビューができたとする。一人ひとりから聞き取った「犬を飼い始めてから保健所に連れて行くまでの体験」を、前に作った「TEM図もどき」と比較しながらTEM図にしていく。その時点ですでに、想像には出てこなかった新しい必須通過点や分岐点が見出されるだろう。

それが数人分できたら、こんどはそれらを重ね合わせてみる。そうすると、ある分岐点である方向に進んだ人と、逆の方向に進んだ人とのその後の流れの違いがみえてくるし、またあるひとりのTEM図を書いた時には、その人がごく自然に通過していたので気づかれなかった必須通過点や分岐点が発見されることもある。

犬を飼っていると多くの人が経験するトラブル、たとえば吠え声がうるさい、噛み癖や排泄上の問題、ペット禁止のアパートでの飼育などが浮かび上がってくるとともに、そうしたトラブルが起きた時にどのような人からのどのようなサポートが、そこであきらめて保健所へ足を運ぶ方向に進まず、犬を飼い続けるための支えになるかもみえてくる。そこで研究は「ペット飼育へのソーシャルサポート」の問題へと焦点づけられ、より深化していくとともに、犬を保健所に連れて行っていない飼い主も含めた大規模な調査研究にも発展しうるものに変わっていく。

■実践の場面とTEM

私が所属する大学は農学系なので、学生の研究は実践志向を強くもつ。例にあげた犬と飼い主の研究でも、学生は必ず「研究成果を殺処分される犬を減らすために役立てたい」と考えるし、NPOなどに参加してそうした実践に踏み出す者も少なくない。そうした実践の場面でもTEMは役立つ。

ペットが捨てられたり保健所で殺処分されたりする理由は、よく言われるような「よく考えずに飼い始める」「飼い主がいいかげん」といったことだけでなく、「飼い続けるためのソーシャルサポートの欠乏」にもあることはここまででわかっており、そうした欠乏がいつどのように生じ、そこでどのようなサポートが必要であるかもTEM図に示されているわけだから、TEM図はそうしたサポートを提供しようとする行政機関、NPO団体などが支援計画を立案するのにそのまま役立つ。

それだけでなく、ペットを飼い続けることが難しくなった飼い主からそうした機関に寄せられる相談への対応にも、TEMが役立つ。ペットを飼い始めた時からさまざまなトラブルを経験してペットを手放すか悩むまでに至る径路には一人ひとりの飼い主による違いがあるから、もし相談のなかでクライエントともにＴＥＭ図を作っていくことができれば、それによって問題を明確化し、必要なサポートを特定していくことに役立つだろう。

このように、研究の始まりから展開、そして研究結果に基づいた実践まで、多くの場面で有効に活用でき、かつ簡単で誰でもとりかかることのできる研究ツール、それがＴＥＭ図であり、その基盤にあるのがＴＥＡ（複線径路等至性アプローチ）であると思う。

〔渡邊芳之〕

■参考書

渡邊芳之（編）2009『心理学方法論』朝倉書店

4章

海外のTEM研究*

*監訳：サトウタツヤ・滑田明暢

4-1 TEMの一般哲学

過去と未来の間

ヤーン・ヴァルシナー（Jaan Valsiner）

TEMは、未来へ向けた絶え間ない動きのプロセスにおける**境界域《バウンダリー》という概念**である。TEMは、発達を概念化しようと試みるどんな思索家にとっても、非常にシンプルな考え方でもあり、非常に大きな挑戦でもある。TEMは、以下のようなさまざまな点において現代心理学の屋台骨《バックボーン》を解体する。

1　TEMは、質に満ちている。心理学において、現象の見方として認められている諸方法は、量的である。

2　心理学は、帰納的な一般化に依拠する。つまり、横断的に事例を抽出（「サンプル」）してデータを蓄積する。それとは対照的に、TEMは**ひとつのユニークな事例に基づいて一般化**を行う。

3　心理学が、その実践的精緻化のうえで、因習的に「測定」と呼ばれているにすぎない操作に依拠する一方で、TEMは「測られる」ものではありえない。TEMは「測定」を捨て、ユニークで重要な現象に関する注意深い調査で置き換える。

そして、単一の例から**抽象的なたぐい**（abstract kind）のプロセスモデルへと一般化する。

4　TEMは、発達システムを意味づけする際の**最小限のゲシュタルト**である。TEMは、現象を要素主義的なものとしてみようとする私たちの基本的諸仮定に挑戦する。TEMはプロセスの構造のひとつの単位《ユニット》である。なぜなら、TEMは、まだ知られていないが切望されたり予期されたりする未来と、再想起された過去とを結びつけたかたちで言及するからである。このプロセスは、その**過去と未来との境界**《ボーダー》——この境界は想像された境界であり、とりもなおさず現在である——に位置する。

TEMは——演繹的な土俵《グラウンド》の上で——経験的諸研究の中心に、時間への焦点化をもち込む。TEMは、そのアブダクティヴな[1]（発綻《はったん》的な）志向性からして、さまざまな「予期せぬ驚き（surprises）」を通じて一般的な前提と現象とをつなぐ。帰納的一般化の方法として広く知られているグラウンデッド・セオリー・アプローチ（GTA）が、諸現象からひとつの理論をつくりだす方向へ「上向きに作動する（"working upwards"）」のに対して、TEMは、基本的諸仮定から「下向きに作動し（"works downwards"）」、ある予期せぬ個性的な事例が発生した場合に、基本的諸仮定と諸現象とを結びつけようとする。

[1] abductive を発綻的と試訳する。「4‐4　移行、イマジネーション、そしてTEM」の[2]も参照のこと。
なお、ここでヤーン・ヴァルシナーが言いたいことは、TEMにおいては、前提に合致しない現象が現れたときに、それを捨て去るのではなく、それを取り込むような理論をつくるということである。

ＴＥＭは数量化できないものであることを繰り返し強調することは重要である。それゆえ、ＴＥＭは質的な方法論の新しい厳密さを心理科学へ導入する利点をもつ。心理学は——多くは北アメリカの社会的要請のもとに——科学的視点を強調してきた。心理学的な現象は、生物学的な対応物（biological counterparts）と多くを共有している。そして、生物学的な現象が非可逆的な時間のなかで進行することを意味づけようとする際に助けになるのは質——形態（form）——である。[2]

■ＴＥＭは何ではないのか？

それらしく見えるとしても、ＴＥＭでないものもある。そこでＴＥＭが何ではないのかを明確に理解することも重要である。

何よりもまず、ＴＥＭは、**存在するライフコースの径路を描く訓練ではない**。たとえそれが、実際には起こらなかったが起こりえたライフコースとの結節点（nodes）を含んだものであっても、である。存在するライフコースの描写は、実り多い将来を構築するプロセスを記録する、一般的な地図（general maps）として重要である。しかし、それぞれの**分岐点における緊張**（tensions）を分析することなしに、ＴＥＭが完成することはない。もし、ある人が——たとえば陽気なカトリックの修道女が30代のとき——こう言ったとしよう。「18歳のとき、私には処女を失う機会がありました。でも、私はそのようにしないことを選択しました。」この語りは、——いま、語られ

[2] ここでヤーン・ヴァルシナーが言いたいことは、生物学的な現象は、量的測定よりも質の変化によって理解しやすい、ということである。そして、質とは形態（form）であり、形態がかわることが質的変容なのである。子どもがオトナになることは、身長や体重の量的変化で捉えられるものではなく、体型（form）の変容で捉えられるべきである。そして、こうした生物学的な対応物（biological counterparts）に対応して心理的な変容も起きるのである。

ることで――彼女の過去における特定の分岐点を構築することを導く。しかし、――この語りは明らかに現時点で再構築されたものだが――この語りには、ありえた選択の径路を含む緊張についての情報がない。さらに、この修道女は「そして私は今なお、このことを後悔しています」と加えるかもしれない。この語りは、一修道女として生きる彼女の現在の人生と、「キリストと結婚した」者として今なお続く彼女の完成していない女性性との間に新たな緊張をもたらす。**非可逆的時間**は、再び生き直すというよりは、ライフコースを修正することしかできないようなユニークな一群の選択肢を与えてくれる。その一方、生き直すことはできないとはいえ、非可逆的時間は、私たちに**さらなる発達に向けた無限性**（open-endedness）を改めて認識させてくれる。この修道女が、過去の若いときの冒険を後悔することは、彼女の未来の行いにどのような意味をもつのだろうか？　経験されることのなかった、禁じられた喜びを想像するのだろうか？　修道院の庭師との秘められた情事は、キリストとの婚約関係のなかで「不貞」に相当するものとして完成に至らずに残るのだろうか？　その庭師と駆け落ちして、彼と子どもをもつのだろうか？　「道徳性が崩壊している」という理由で、青年たちの性体験に反対する十字軍なるものに参加するのだろうか？　ＴＥＭのモデルは、これらすべての可能性――可能性は、過去と未来における対立とともにある現在、緊張から分岐していく――が分岐のスキームに加えられたときにのみ、おもしろくなるのである。

2つ目に、TEMは**経験的データを記述するためのモデルではない**。TEMは、そのようなデータを、現象が新しい諸形態（forms）へと**変容するプロセスとして分析するための一モデル**である。さまざまな形態の統合を導く、さまざまな緊張を研究する一例でもある。たとえ、TEMが既に得られたデータ（インタビュー）を扱うにしても、TEMはそれらを包括的なプロセスへと一般化する。私の過去として——TEMの構造を通して——分析される、私の人生を邁進《まいしん》させるひとつのエピソードは、私の未来の道のりについてだけでなく、さまざまな人が未来に向かって動くなかでの意味生成プロセスについての何か（something）をも、私たちに示唆するだろう。TEMは、経験的データ——特定のユニークなイベント——と、そのデータから普遍的な（general）プロセスモデルへの一般化との間の対比を大げさに行う。**TEMは、普遍的な**（general）**発達科学に属する**。

■なぜTEMなのか？

私は、TEMが好きだ。このようにTEMを好む理由は、個人的な志向を越えている。TEMは、ある人が今ここで、他の場所においてもその場で直ちに機能するように構築する現実と想像（imaginary）の意味を、私に考えさせてくれる。TEMは、時間固定的なプロセスを越えた一般化をする一方で、非可逆的時間のリアリティを与える。TEMは、心理学を理論的に刷新する——まさに心理学にはそのような刷新が求められている。

TEMに限界はあるのだろうか？　もちろんある。あらゆる科学のすべての一般化モデルは、公理上の観点から（axiomatic grounds）現象の重要な諸特徴に集中するために、多くの現象を省く。たとえば、――現在の位置からして――過去において現在に最も近い分岐点の選択は、その時点（分岐点）から現在までの実際の発達の豊かさを省く。これに類似する見過ごしは、――可能性としてある未来の径路は、現在の視点（perspective）から位置づけられ、未来へと投じられるということを考えると――現在から未来に向かうなかでも存在する。つまり、想像される未来時点へ向かうなかで起こりうる段階的な「道すじ（road）」を詳細に扱わないというかたちで存在する。

〔訳：神崎真実〕

4-2

TEMと対話的自己理論（DST）

夫婦間問題を理解するために

ヒューバート・ハーマンス（Hubert Hermans）

TEMは**非可逆的時間**という概念を重視し、人間の発達をダイナミックな視点から捉えている。そして、TEMは伝統的な単線的（unidirectional）発達段階論を支持していない。そのかわりに、人間の発達を、分岐点の出現とともに、一定範囲内の複数の選択肢が存在するものと捉え、より幅広い包括的な視点を提案している。

時間の視点から捉えることによって、TEMはダイナミズムと多様性といった概念を深く精緻化できた。そして、空間という概念も重視するようになれば、TEMの発達的視野をさらに深めることもできるだろう。

TEMと、筆者が過去の数十年間で培ってきた**対話的自己理論**（Dialogical Self Theory：**DST**）とは、基本的な共通性を有している。[1]

この対話的自己の理論に基づくと、心の風景のなかでは、自己をダイナミックで多様な**I－ポジション**（自己の異なる側面）の観点から記述できる。それらのポジション間では対話的関係が生まれる可能性がある。I－ポジションの例をあげると、父としての自分、職業人としての自分（ソーシャルポジション）、またはジャズのファンと

[1] Hermans, H. J. M. & Hermans-Konopka, A. 2010 *Dialogical self theory: Positioning and counter-positioning in a globalizing society*. Cambridge, UK: Cambridge University Press.

しての自分、悲観論者としての自分、野心的な自分（パーソナルポジション）などがある。それぞれのポジションは意味交換の生まれる形態として対話的関係をもつことができる。

次にひとつの例をあげよう。[2] この例の現象は両方の理論から明白に理解でき、共通性を示している。内容を簡単に述べると、最初は幸せに結婚したカップルが、子どもが誕生したときに彼らの関係上の問題を解決できず、最後は離婚してしまった話である。いったい何が起きたのだろうか？

あるインタビューのなかで、その夫であった男（42歳）は自分の結婚生活を振り返って、次のように述べていた。「私たちの息子が生まれて、そして数年後には娘も生まれ、私はすごく素晴らしいと思った。しかし、妻と私との関係はその後、それほど楽しいものではなくなっていった。子どもが誕生したとき、もはやひとりの男としての自分は存在しないことに気づいた。すべての注意は、母と子どもとの関係へと移った。私たちの愛は失われ、夫婦間の争いもだんだん多くなってきた。私はまるで、自分はすべてを間違えたように感じ、距離感と拒絶感を抱いた。」

妻であった女性（36歳）は自分の立場からこの結婚を振り返って、次のように述べていた。「私たちの長男が生まれてから、私たちの関係に修復のできない裂け目（rupture）が現れた。私は、自分が捨てられたように感じた。彼は子育てのことを全部私に任せたから。」…「私は毎日このような衝突（clashes）で疲れてしまった。ひ

[2] 以下の例は2013年12月7日の新聞 Dutch newspaper NRC に掲載された文章から。執筆者は Brigit Kooijman. http://www.nrc.nl/handelsblad/van/2013/december/07/ik-voelde-me-in-de-steek-gelaten-1322696（最終閲覧日 2015/2/9）

とり暮らしをすること、彼のいない生活を想像し始めたとき、自分はもう耐えられないとわかった。」

対話的自己理論の観点からいえば、結婚当初、この夫婦のI－ポジションの関係は調和を示していた。つまり、夫としての彼と妻としての彼女のポジションは、うまくフィットしていた。彼らは、これらのポジション間に満足のできる対話的関係をもっている限りは幸せでいられた。しかし、子どもの誕生によって、彼らのポジションは新しいものへと置きかえられた。父としての彼と母としての彼女というポジションである。これは、ポジション同士がフィットしない（non-fit）状況の始まりであった。夫としての彼が自分は無視されたと思ったのは、妻の注意がすべて子どもに移ったからである。彼女の立場からみると、献身的に子育てを行ってくれる夫ではないとわかり、母としての自分は無視されたと思った。そのため、彼らの関係はフィットしている夫－妻ポジションから、フィットしていない父－母ポジションに変化した。TEMの観点からいうと、彼らの関係は異なる方向へ向かう分岐点に至った。彼らの径路は分かれて、再び収束することはなかった（しかし、離婚の後に、離婚した両親としての新しい対話的関係が育めるポジションのもとで、彼らは互いの理解を深めた）。

この例にもう一歩深く入ってみよう。どういう条件のもとで、このカップルは問題を解決し、婚姻関係の危機を脱することができたのだろうか。仮説的にいえば、彼らの間にフィットしている夫－妻としての関係に加えて、それと同じくらいフィットしている父−母としての関係を育むことができれば、婚姻関係は維持できるだろう。子どもの誕生はひとつの新たな状況として、彼らの関係に新たなチャレンジをもたらした。もし彼らが適時適所、父と母として協力することができたならば、彼らの婚姻関係は維持できるだろう。対話的自己理論の観点でいえば、こうした関係の維持には、必要なときに、ひとつのポジション（夫あるいは妻）からもうひとつのポジション（父あるいは母）に移れる柔軟性が求められる。この柔軟性によって、男が妻を失うことや、母が献身的に子育てをしてくれる父の不在によって失望することはないだろう。

この例で示された通り、状況変化が新しいポジション（TEMでいえば、新しい人生径路）をもたらすという意味では、TEMと対話的自己理論は共通しているだろう。ある段階では、それぞれの径路はフィットし、もしくは一致することもありながら、次の段階ではフィットしなくなって乖離することもある。フィットするポジションまたは径路のために、ひとつのポジションからもうひとつのポジションに移る対話的能力（capacity）や柔軟性といった、十分豊富なポジションを調和させる能力が極めて重要である。

〔訳：田一葦〕

4-3 コンポジションワークとTEM　非可逆的時間における自己についての探求

アグニエスツカ・コノプカ&ウィム・ヴァン・ビーアス（Agnieszka Konopka & Wim van Beers）

コンポジションワーク[1]は、**対話的自己理論**[2]にもとづいた自己発達のための手法である。この理論によれば、自己は心の風景のなかに、多様な**I－ポジション**（自己の異なる側面）が存在するものとして理解される。コンポジションの作り手は、言語と石を用いて、関連する諸I－ポジションの関係性を表現し、それらを外部化して心の風景をつくる。結果として、メタポジションはその心の風景を俯瞰することを可能にし、それによってその概要の理解を容易にすることができる。これは新たな洞察をもたらし、それにかかる自己または特定のポジションのさらなる発達を刺激する可能性がある。この手法は、2つの基本的な自己の次元（内省的／言語的次元と感覚／非言語的次元）と関係しており、その統合は、自己の発達のための最適な状態を形成することと関係している。

自己の発達は、部分的に進んでいくもの（ある部分は発達し、ある部分は発達しない）であるようにみえるが、そのスローダウン（たとえば、ポジションのなかで固まっている）や、スピードアップ（たとえば、カタルシスの経験によって）は**非可逆的時間**のなかで

[1] Konopka, A. & van Beers, W. 2014/in press. Composition work as a method for self investigation. *Journal for Constructivist Psychology. The Special Issue on Creative Extensions of Constructivist Assessment.*

コンポジション（composition）という言葉は、作曲、作文など、多様な意味をもった言葉である。本項で扱われているコンポジションワーク（Compositionwork）は、対話的自己理論に基づいてそれぞれの「自己」「私」を配置して新たに編み上げるワークであると理解、解釈することによって、「自己編成ワーク」「自己再編ワーク」と表現をすることも考えられたが、本項では、その英語表現の音を残すかたちで、コンポジションの訳語をあてることにした。

生じる。そのため、時間の流れにおける自己のダイナミズムを考慮し、関連するプロセスに焦点化することを可能にする基準を提供するモデルが必要とされている。

ＴＥＭによって提供される視点は、コンポジションワークにおいて非可逆的時間という文脈のなかで自己を探索することを可能にする。さらに、ＴＥＭの概念のなかでも分岐点には特別な注意が向けられる。[3] コンポジションワークの文脈において分岐点は、時に自己の発達の転換点、つまり重要で決定的な瞬間としてとらえられる。分岐点において人は、ポジションＢではなくポジションＡに力を注ぐことを決定し、結果として生命エネルギーは、ポジションＢでなくポジションＡに引き寄せられる。コンポジションワークの文脈やプロセスの観点では、この決定は、さまざまな出発点からなされうること、そして、それらは後に代償的に現れることがあるということに気づくことが重要である。たとえば、「専門職としての私」というポジションは、精神的な価値（たとえば、スピリチュアルな私）や道具的な考察（たとえば、唯物主義者としての私）、または感情（たとえば、不安としての私）に基づいて実現されうる。人はこれらのどの出発点に基づいてもキャリアを構築することができ、それらはその後、エネルギーの一時的な中心地として機能する。ひとつの選択肢（ポジション）を選択すると、多くの場合、別の選択肢（別のポジション）を除外する。それにもかかわらず、選択されなかったポジションはまた、さらなる自己発達（「同じ結果に至る、つまり等至性」）のために重要であり、選択されたポジションが、同じ結果に至ろうとするニーズをあ

[2] Hermans, H. J. M. & Hermans-Konopka, A. 2010 *Dialogical self theory: Positioning and counter-positioning in a globalizing society*. Cambridge: Cambridge University Press.

[3] Sato, T., Yasuda, Y., Kanzaki, M. & Valsiner, J. 2014. From describing to reconstructing life trajectories: How the TEA (Trajectory Equifinality Approach) explicates context-dependent human phenomena. *Cultural Psychology and Its Future: Complementarity in a New Key*.

まり満たさない（「不安としての私」のような）動機に基づいている場合に特に重要である。もちろん一方では、不安に対処することがその解決に向けての重要な課題であるという主張があるかもしれないが、その実現過程において、そのようなものとして表面化しなければならないということが、いつもあてはまるわけではない。同時にその課題の解決方法は、他の重要かつ貴重なポジション（たとえば「創造的な私」のような）を却下するかもしれない。もしそうなら、この事実は、自己の発達の過程に大きな影響があるかもしれず、時には非可逆的な結果、つまり不安に基づいて自分のキャリアに力を注ぐことが芸術的な側面をいつまでも覆い隠すというような、結果として満たされない人生を導くこともあるかもしれない。分岐点におけるこれらの選択の個人的な意味と選択がもたらす帰結は、コンポジションワークにおけるクライエントとコーチ（ワークの実施者）の間で議論の対象となる。クライエントが再び他のI－ポジションに新しいエネルギーを注ぎ込むことを考えたとき、この分岐点の後に新しい分岐点が生じるかもしれない。

サトウら[4]が提示した川のメタファーは、人生の径路と自己のダイナミズムの探求のために非常に有用な概念である。このメタファーは、京都の大仙院の庭に現れており、非可逆的時間のなかに人間の実存的な状態が置かれていることを示している。コンポジションワークに川のメタファーを取り入れることは、この文脈において自己のさらなる探求を刺激する可能性がある。多様なI－ポジションは、細流や底流、枯渇、漏

[4] Sato, T., Hidaka, T. & Fukuda, M. 2009 Depicting the dynamics of living the life: The Trajectory Equifinality Model. In J. Valsiner, P. Molenaar, M. Lyra & N. Chaudhary (Eds.) *Dynamic process methodology in the social and developmental sciences* (pp.217-240). Dodrecht, etc.: Springer.

出もしくは噴水としてのそれら自身を表すこともできる。コンポジションワークの過程で私たちは、自己を表現する川は重要な分岐点（決定的な瞬間）にたどり着いた表現であることに気づくかもしれない。決定がなされると、エネルギーは特定のI－ポジションに注ぎ込まれ、その流れは継続し、エネルギーが他のポジションに移ることはない。これはさらなる発達の道すじにも影響がある。

次に示すケーススタディでは、分岐点における以前の選択が、その当時において選ばれなかった諸ポジションへの回帰にどのような影響を与えたかについて明らかにする。

図4－1の写真は、23年間にわたり、このクライアントの発達にとって最も関連があったとして選ばれた多様なI－ポジションを示している。最も大きな（黒い）石は、エネルギーの大部分が注ぎ込まれた専門職としてのポジション（仕事をしながら経営の勉強をしていた）を表している。同時に、このキャ

図4－1　I－ポジションの多様性

リアを選択（そのライフスタイルと時間管理に応じた選択）した結果として「人生を楽しむ人としての私」（緑石）や「作家としての私」（黒く光っている石）のポジションが置き去りにされた。これは、小さい垂直のライン（図では二重線で強調した）に平行する砂上の深い縦のラインによって示されている。2つの水平な矢印のラインは、時間の流れを表している。最後（右側）のフェイズの2つの空いたスペースが、箱の上下の隅に現れているのが興味深い。

比喩的にいえば、川は、マネージャーのポジションである「責任ある私」と、「人生を楽しむ人としての私」や「作家としての私」の2つの流れに分かれていた。この分岐点の時点で、クライエントは「責任ある者や専門職」の流れをたどったが、基本的には根底に不安があった。しかしながら、後の人生では、選択されずに取り残されたポジションが、底流から浮上してきたように再び現れる。このぶり返し（return）は、明らかにこれらのポジションの重要性を示しており、クライアントの可能性を実現するうえで、その諸ポジションの等至性的な価値を示唆しているかもしれない。

次に示す図4‐2の写真では、図4‐1ではこの2つの流れに反映されていた等至性をみていく。この写真の左側は、新しい分岐点が現れ、別の重大な選択がなされる必要がある、現在の時を示している。

これまで、マネージャーのポジションは自己にとって支配的だったが、クライエントは、そのポジションが彼自身の他の重要なポジション、たとえば今再び現れている

「作家としての私」のようなポジション（「創造的専門職としての私」の隣にある左上の小さい石）をブロックしていることに気づいた。マネージャーのポジションは、最初のコンポジション（編成）では中心にあった黒い石によって表されているが、今の新しいコンポジションでは左下に置かれている。不安に基づき、最初のコンポジションにおいては支配的な位置にあった「専門職としてのポジション」は、今はそれ自体が新しい分岐点に包含されていることがわかる。そしてクライエントはそれ（左下の「マネージャーとしての私」）を維持するか、もしくは、人生の次のフェイズ（右側の構図）、つまり「作家としての私」のポジションが、将来に実現することが可能なポジション（右上の暗色の長方形の石）として再び現れるフェイズへと移行するのかを決めるのである。そこでは、それ（「気づきのある私」）に付随する白い石から潜在的に多くの力を受け取る。第三の選択肢（右下の大きな石に向かって、分岐点から出て

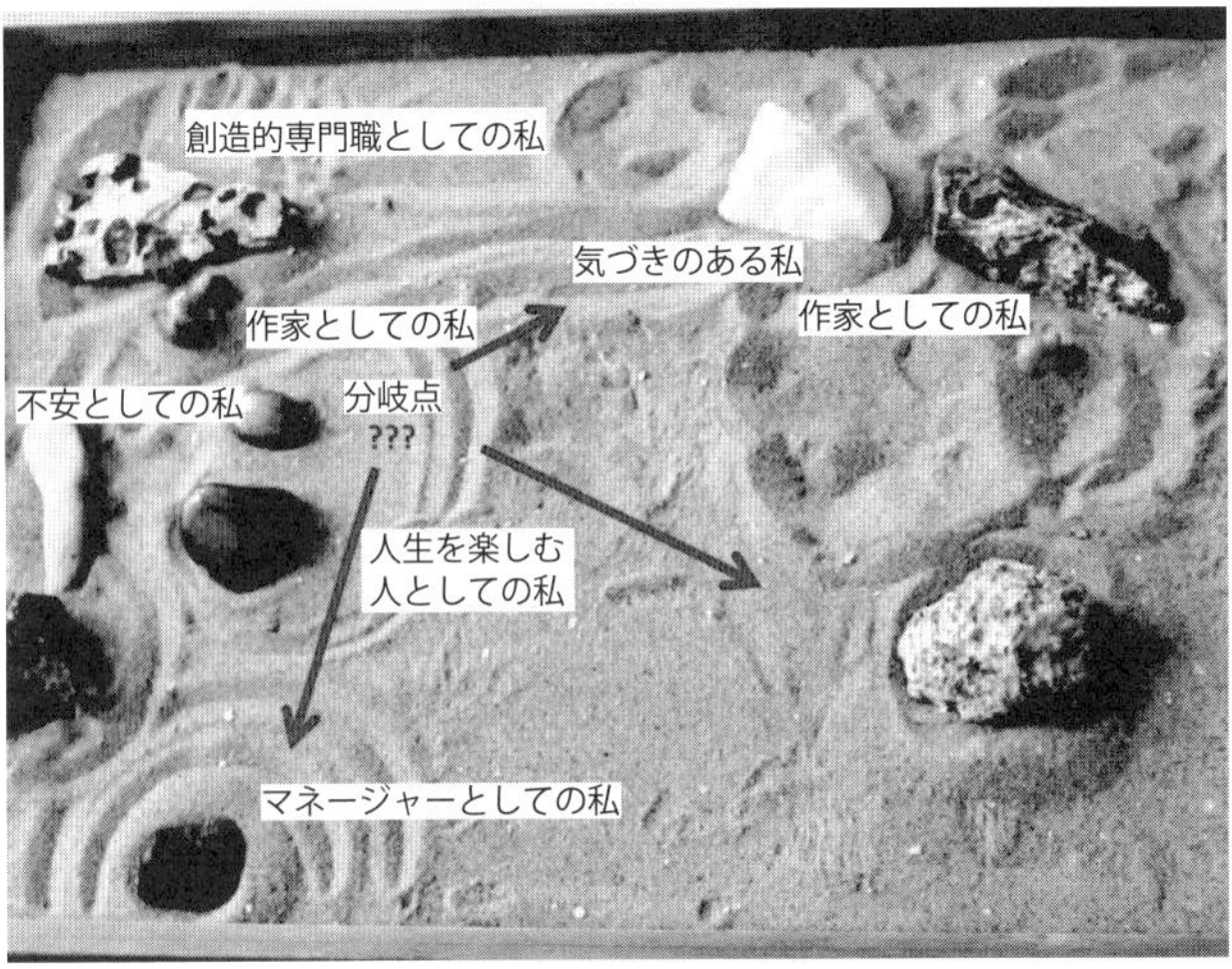

図4-2　新しいＢＦＰの出現

いる3本の線のうちの真ん中の線）は、世界一周の旅へと向かうことだろう（最初のコンポジションの「人生を楽しむ人としての私」と関連している）。

最初のコンポジションでは、等至性をもった選択は、専門的な教育を受けた専門職として社会における自分のポジションを実現することだった。後のフェイズでは、自己の実現には、自分の創造性の実現を含める必要があることが示された。「作家としての私」は、これまでに「未実現であった可能性」が再び現れたものである。比喩的に言えば、それらのエネルギーがブロックされて底流となり、不安に基づいていた選択が、エネルギーを注ぎ込む主流となっていた。しかし、今、クライアントは再びこの問題に直面している。この創造的なポジションを含めることは、全体のさらなる統合のために自分自身を助け、それ自体の等至性の実現を高めるのである。

〔訳：川本静香〕

4-4
移行、イマジネーション、そしてTEM
「鳥の目」からの分析、「亀の目」からの分析

タニア・ジトゥン（Tania Zittoun）

■鳥と亀

心理学的視点から人生径路を説明する際に難しいことのひとつは、外在的な観察者の視点と人びとが巻き込まれている内在的視点を融合させることである。[1] TEMは人生径路を「鳥の目」からみることを可能にする。つまり、アブダクション（発綻[2]）を通して、ある人生の継起と等価な人生のあり方、もしかしたら可能であった人生のすべての径路に力強く光をあてることによってそれを可能とする。[3] これと異なるもうひとつの視点は、より内在的なものであろう。径路に沿って進んで行く際に、人は何をみて何を経験するのだろうか？彼らはそこから何をみるだろうか？これを「亀の目」と呼ぶことができるだろう。

■分岐点あるいはラプチャー

TEMを用いて研究者は、異なる人びとが同一あるいは同等の出来事とどのように折り合いをつけるのかを鳥の目から観察できる――ある人びとがAを行い、またある

[1] Zittoun, T., Valsiner, J., Vedeler, D., Salgado, J., Gonçalves, M., & Ferring, D. 2013 *Human development in the lifecourse. Melodies of living.* Cambridge: Cambridge University Press.

[2] アブダクション（abduction: 発綻）は、チャールズ・サンダース・パースによって提唱された推論の一方法である。従来の演繹（deduction）と帰納（induction）に加えられるかたちで提唱された。発綻的推論においては、Valsinerが記述しているように（「4-1 TEMの一般哲学」）、ある予期しない現象から出発し、その現象を説明する一般的理論、前提あるいは仮説などを推論することになる。

Peirce, C. S. 1908. *Collected papers of Charles Sanders Peirce.* C. Hartshorne, P. Weiss, & A. W. Burks (Eds.), Cambridge, MA: Harvard University Press.

人びとがBを行った場合に、研究者は遡及的に分岐点を同定することができる。そして亀の目から、研究者は人びとの経験を検証する。どのような習慣があり、ある出来事がいつ**ラプチャー**（rupture：突発的出来事）として経験されたのか——何が課題であり、何がそれまでに「当然のこと」となっていたのか。たとえば、ある会社で働き始めた若い新入社員は、新しい建物内で自分のやり方をみつけられないという経験や、これまでとは違う方法で周りの人びとと関わりあうというような経験をするかもしれない。ラプチャーは、ある主体的観点から、人が新たな行為の方法と結びつくことを求めているものといえる。ラプチャーの分析は、ラプチャーの原因（たとえば、震災や新生児）を、ラプチャーの経験から切り離すやり方である[4]。ラプチャーの原因は、多くの人にとってまったく同じであることもあれば（たとえば、津波）、多くの人にとって同等のものであることもある（たとえば、長子が産まれる）。そして多くの人が経験したラプチャーは、鳥の目には分岐点として現れる。

■移行

「亀の目」からの分析は、人びとがあるラプチャーを経験したあとに起こるダイナミクスを検討することを可能とする。あるラプチャーはルーティンを破壊し、環境への新たな調整を要請する。私たちは、あるラプチャーを経験したあとに起こる変容のプロセスを**移行**と呼んだ。そして、それがセンスメーキング（意味づけること）の分

[3] Sato, T., Hidaka, T., & Fukuda, M. 2009 Depicting the dynamics of living the life: The trajectory equfinality model. In J. Valsiner, P. C. M. Molenaar, M. C. D. P. Lyra, & N. Chaudhary (Eds.), *Dynamic process methodology in the social and developmental sciences* (pp.217-240). Dodrecht, etc.: Springer.

[4] Levy, R., Ghisletta, P., Le Goff, J.-M., Spini, D., & Widmer, E. 2005 Incitations for interdisciplinarity in life course research. In R. Levy, P. Ghisletta, D. Spini, & E. Widmer (Eds.) *Towards an interdisciplinary perspective on the life course* (pp.361-391). Amsterdam, etc.: Elsevier.
Zittoun, T. 2009 Dynamics of life-course transitions: A methodological reflection. In J. Valsiner, P. C. M Molenaar, M. C. D. P. Lyra, & N. Chaudhary (Eds.) *Dynamic process methodology in the social and*

析に役立つのと同様に、アイデンティティの移行および学習の分析に役立つことを明らかにした。新入社員にとって、移行は新しいスキルを発達させるかもしれないし、より職業人として認められたと感じる、あるいは実際にそのような職業人になるという可能性をもたらす。このようにして、その新入社員は電気技師としての自分のあり方を確立するようになるだろう[5]。（亀の目からみれば、それは迷える過程かもしれないが）鳥の目から捉えると、若者は分岐点のあとにとりうる径路をシンプルに前進しているようにみえる。

■イマジネーション

人びとのライフ（生命・生活・人生）は、実際に何をしたか、あるいはどのように現実を経験したかのみではなく、大部分を**イマジネーション**が担う。たとえば、オフィスではなくビーチに居ると想像する、生活は今も大惨事前と変わらなかったと想像する。ある日、自分の会社のオーナーになる可能性を想像することだってできる。イマジネーションは、実際の行為の径路から距離をとるように求める。時間の非可逆性や因果関係という制約から距離をおき、現実から「浮遊」する経験のモードに人びとを結びつける。イマジネーションは、人びとの経験を過去（何があったか、何が起こりえたか）、代替的な現在（どうありうるか、どうあるべきでないか）、未来（何が起こるか、どのようになるべきかなどなど）へと向かわせるループを求め、そして現在をより豊か

developmental sciences (pp.405-430). New York: Springer.

[5] Zittoun, T. & Perret-Clermont, A.-N. 2009 Four social psychological lenses for developmental psychology. *European Journal for Psychology of Education, 24*(2), 387-403.
Zittoun, T. 2006 *Transitions: development through symbolic resources*. Greenwich (CT): InfoAge.

[6] Zittoun, T. & Cerchia, F. 2013 Imagination as expansion of experience. *Integrative Psychological and Behavioral Science, 47*(3), 305-324. doi:10.1007/s12124-013-9234-2.

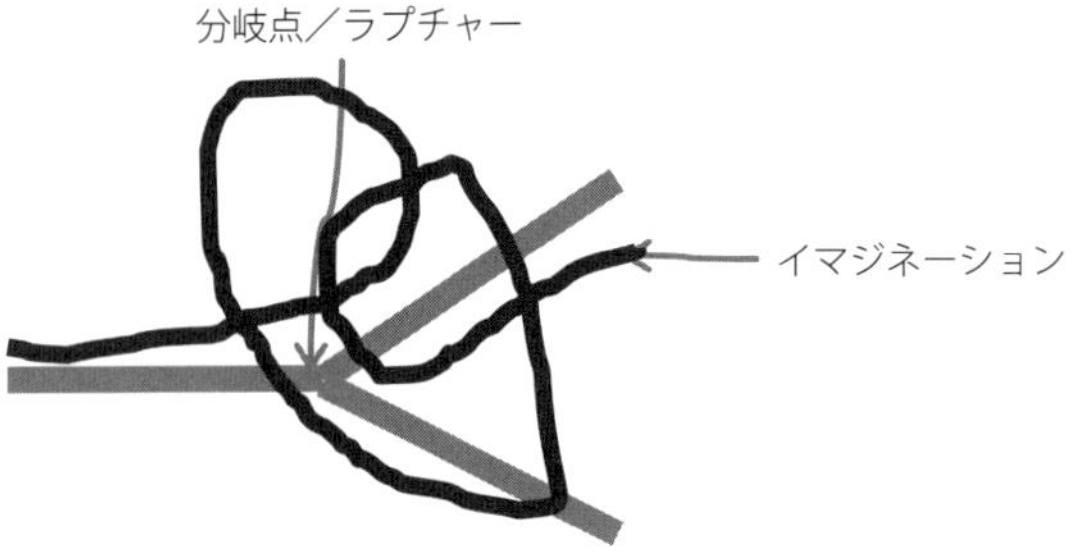

図４−３　分岐点／ラプチャーとイマジネーション

にする。[6] イマジネーションは社会的につくられるものであるが（想像、社会的表象、文化的所産、共有された経験などによる）、過程としてはまったくもって個人的で独創的である。[7]

イマジネーションはラプチャーやライフコースと二重の意味で結びついている。第一に、人生が違った展開になりそうだと想像した場合、時に人びとはラプチャーをつくり出す（たとえば、パートナー関係を解消する）。第二に、ラプチャーはイマジネーションを呼び起こす。つまり、あるラプチャーのあとには、能動的な探求を行うことが必要となり、人びとは新たな状況でどう生きるか、過去から何を学ぶかを考えるのである。ゆえに、移行のプロセスとともに明確になっていくその径路は、イマジネーションによってつくり出される多くの可能性の雲から現れるといえる。[8]

〔訳：木戸彩恵〕

[7] Vygotsky, L. S. 1931 Imagination and creativity of the adolescent. Consult? 22 juillet 2010, ? l'adresse http://www.cddc.vt.edu/marxists/archive/vygotsky/works/1931/adolescent/ch12.htm#s02

[8] Zittoun, T., & De Saint-Laurent, C. (in press). Life-creativity?: Imagining one's life. In V. Glaveanu, A. Gillespie, & J. Valsiner (Eds.) *Rethinking creativity: Contributions from cultural psychology*. London: Routledge.

Zittoun, T. (in press). Imagining self in a changing world: An exploration of "Studies of marriage". In M. Han & C. Cunha (Eds.) *The subjectified and subjectifying mind*. Charlotte, NC: Information Age.

4-5 職業移行とTEMの適用

「専門家になること」の経験の研究

カトリン・クラセップ（Katrin Kullasepp）

ここでは、「専門家になること」の枠組みについて、心理学を専攻する学生を対象として実施した、大学時から学士取得後までの縦断的・質的研究[1]におけるTEM（複線径路等至性モデル）の適用を紹介する。

■「専門家になること」——人生径路のひとつ

「専門家になること」は多面的な現象である。それは学生が専門的役割に参入するときに、彼らが彼らを統制する新しい規範を取り入れる社会化実践である。「専門家になること」は役割期待の内面化に触れるものであり、より一般的にいえば、人が専門的役割を負うときに生じる諸変化を示す。これらの諸変化は感情的、認知的、行動的反応として現れ、それらは人と、その人が歩んでいる社会文化的環境との相互作用の結果である。

TEMの文化的、歴史的、理論的根拠と一致して、「専門家になること」は社会文化的水準によって導かれる過程である。ここでの社会的水準の例としては、規範（カ

[1] Kullasepp, K. 2008 *Dialogical becoming. Professional identity construction of psychology students. Doctoral Dissertation.* Tallinn: Tallinn University Press.

リキュラムなど）を適用することによって発達のダイナミクスを導こうと試みる教育制度、または専門的な役割についての日常的な知識があげられる。社会文化的な諸影響は、望ましい径路の方向を指し示すことで「専門家になること」を〝デザイン〟する。一方で、職業人化[2]は個人の歴史に影響される（習得された知識、動機づけなど）。これらの2つの水準――社会的水準と個人的水準――の対話的な関係は、職業人化についての個人間で異なる径路の発生につながる。それは、「専門家になること」は、同じ制度的規範のなかでも個々人によって異なる発達径路が発生するということを示す。

[2] 職業人化（professionalization）は、広く職業人となる過程を指す言葉として（たとえば、大工になること、大正時代にカフェの女給になることなども含めて）とらえ、「専門家になること（becoming professional）」は、大学における専門を活かす職業人化、つまり高度専門職につく過程を指す言葉としてとらえて訳語をあてている。

■TEMの適用

「専門家になること」の経験を研究するための方法はいくつかあるが、研究者が経験の発生、つまり発達プロセスのダイナミクスを明らかにする径路を把握することに関心がある場合に、TEMの適用が提案される。職業人化の経験は個々人によって異なるが、実際にはオープンシステムの特徴のように、よく似た径路を描くことが可能である。研究者は、たとえば、人の専門的役割への参入についてのさまざまな方法／戦略を発見し、時間の経過を越えてそれらを観察することができる。心理学者の専門家アイデンティティの構築についての研究[1]は、大学に在学している期間における、新しい状況へ適応するために適用される諸戦略（たとえば、専門的な立場を日常的な関係のなかに取り入れることなど）を明らかにした。また、心理学を学ぶ学生を対象とした研究は、3つの主要な径路の方向も明らかにした（職業人化、個人化、維持）[1]。しかし、同じ一般的な型であるにもかかわらず、径路のダイナミクスの輪郭は、学生間で年を経るごとに異なっていた。さらに、この結果は「専門家になること」を**多重線形過程**として表すことを可能にする。

TEMを用いるときには、**等至点**（EFP）と**必須通過点**（OPP）を設定することを必要とする[3]。これらの点は、径路の方向を転換させる可能性をもつ転換点（職業人化の過程における節目や出来事）を浮き彫りにし、径路創造の理解に寄与する重要な要素を同定するものである。

■異なる文脈のなかでの「専門家になること」

「専門家になること」の場合、変化のきっかけとなるこれらの転換点は、カリキュラムによって部分的に規定されるか、さまざまな社会的実践の間に自然と呼び起こされる。これらの節目を図示することで、研究者は、特定の社会文化的な文脈のなかで専門的な役割に参入する学生たちに対して影響を与えうる、制度的制約や社会的な実践に関する深い知識を獲得する。それゆえに、径路の方向の転換は、学術環境における学習や公的な場面での専門的な実践、非公式的な関係のなかで起こりうる。

職業人化の文脈のなかには、等至点と必須通過点を決定する数多くの選択肢がある。たとえば、大学での学習それ自体は、いろいろな方法で通過される拡大された等

[3] Sato, T., Yasuda, Y., Kido, A., Arakawa, A., Mizoguchi, H., & Valsiner, J. 2007 Sampling reconsidered: Idiographic science and the analyses of personal life trajectories. In J. Valsiner & A. Rosa (Eds.) *Cambridge handbook of socio-cultural psychology* (pp.82-106) New York: Cambridge University Press.

至点とみなすことができる。必須通過点は専門的な発達領域において構造的に必要な場所である。学校教育において学生は、カリキュラムに規定されたイベントに出会う。それはたとえば、コースペーパーを書くこと、授業に出席すること、実践すること、試験を受けることなどであり、これらは彼らの生活を構築し、職業人化を導くものである。[4] これらのイベントは、転機になりうる。学生たちはここで、自身の経験を省察し、径路の方向を転換することを決める（たとえば、もう一方の職業人化を優先することなど）。

しかし、必須通過点と等至点は教育機関での学習の期間に収まらなくてもよいが、彼らが将来の専門的職業に関する決定をする期間には収まらなくてはならない。それは、「専門家になること」は大学入学以前に始まることを示す。「専門家になること」の期間を学術的学習以前まで拡げることは、さまざまな選択肢が個人のなかに生まれ、径路創造に寄与する緊張関係をより深く理解することを助ける。

焦点をあてるべきもうひとつの期間は、教育機関での学習の後の専門的実践期間である。専門的職業の学習の期間と比較すると、この期間は準備をする段階から新しい専門的要求が行われる領域へと動いていく期間であり、この期間における実践は経験不足の専門家たちの意欲をいろいろな方法で刺激しうる。個人の「専門家になること」を理解するためには、異なる文脈のなかでの「専門家になること」を研究することが有益であるだろう。

[4] Kullasepp, K. 2006 Identity construction of psychology students: Professional role in the making. *European Journal of School Psychology*, 4, 251-282.

結論としていえば、各人は、職業人化の径路を変化させる可能性をもつさまざまなイベントを経験していくことによって彼ら自身の方法で専門家になる。専門的役割に至るまでの独自の径路は、個人的な歴史や社会組織、彼らの生活を構成するその他の社会的実践によって導かれる。ＴＥＭは、時間横断的に「専門家になること」に付随して起こる変容を追いかけ、「専門家になることの径路」を構成するイベントを描くことを可能にする道具《ツール》なのである。

〔訳：春日秀朗〕

4-6

発達的な文脈と径路

ブラジルにおける発達的移行に関するTEM研究の動向

アナ・セシリア・バストス（Ana Cecília Bastos）

ブラジルのバイア連邦大学にある私たちの研究グループ CONTRADES（「発達の文脈と径路」）が、人生の移行にアプローチするTEMというモデルによってもたらされる分析的可能性を探究していることは、決して偶然ではない[1]。私たちは、ブラジル人家族の発達的な文脈と径路を30年にわたり調査してきたからである。私たちが最初に焦点をあてたのは、貧困のなかで生活している家族の発達上の文脈と、攻撃されやすい心理社会的状態に立ち向かう際の彼らの潜在的なレジリエンスであった。この意味で、私たちは文化的リアリティの発達詩学[2]について語ってきた。後に、私たちの関心はナラティヴの事例からもたらされる家族生活の移行に、よりいっそう焦点化されることとなった[3]。

私たちの研究の径路自体も、発達科学における2つの中心的な側面である時間と変化の折り合いをつけるという関心において——時間と変化は、現実と起こりうる未来の径路との相互作用を通して未来へと向かう動きを引き起こすものなのだが——ＴＥ

[1] CONTRADES は「CON-textos e TRAjetórias de DESenvolvimento」の3文字ずつをとったもので、バストス教授が率いる「発達の文脈と径路」という研究グループのこと。

[2] Developmental Poetics の訳。詩学とは、アリストテレスの著書に遡《さかのぼ》り、近年ではヘイドン・ホワイトの「歴史の詩学」アプローチが注目された。対象を前言語的（prelinguistic）に形象化しつつ、言語のもつ言語性・修辞性を利用して表現するのが「詩」であり、「前言語的」でありつつ「言語的・修辞的」な表現を分析するのが詩学である。したがって、発達詩学といった場合には、発達についての記述や表現を詩学的に分析する立場の表明ということになる。

[3] Wang, Q. & Brockmeier, J. 2002 Autobiographical remembering as cultural practice: Understanding the interplay between memory, self and culture. *Culture and Psychology*, 8(1): 45-64.

Mへと収斂する。

サトウとヴァルシナーの複線径路等至性モデル（TEM）は、社会的助勢と社会的方向づけという異なる方向性をもつメカニズムを明瞭にすると同時に、個人の人生においてそれらが統合されていることを表現している。彼らが提唱したシステミック（包括体系的）な視点と非可逆的時間への真摯な考察に基づく新しい方法論的手段であるTEMは、その特徴ゆえに、ライフコース的な見方と一致しており[4]、歴史的文脈に適切に位置づけられている発達的移行における人間の主体性（agency）の役割を強調している。

TEMは、未来に向かう個人の活動に焦点化した径路を同定するだけではなく、さらに進化しつつある。ここで歴史とは、人生において定められた目的地（等至点）に向かう際の、一定の方向性をもった安定した構成要素として理解されているものとしよう。そうであれば、TEMはライフコースにおいて、ある特定のパターンを保持する傾向について議論することが可能になるし、実際にそうなっているのである。ここブラジルにおいて、TEMは、ライフ（生命・生活・人生）の移行（life transitions）、特に母性への移行（等至点としての母になること、必須通過点としての妊娠、出産）の分析に用いられてきた。また、若者が見習い期間を経て成人へと移行するプロセスの分析にも試験的に用いられてきた。さらにアーピア[5]は、1960〜70年代に大学に通っていた人びとと、2000年代に大学に通っていた人びとの2つの世代の語りを比較

[4]「5-6 ライフコースとTEA」を参照。

[5] Urpia, A. M. O. 2014 Friends and lovers: An Ethnopsychological reading of affective-sexual trajectories of two generations of college students. PhD Dissertation presented to Federal University of Bahia.

して、大学生の情動的－性的（affective-sexual）な径路の分析にもＴＥＭを適用した。

これらの研究は、それぞれの研究対象に固有な特徴について検討しているだけではなく、それと同時に次のような共通する特徴を有している。

1　心理学的現象を理解するために避けられない特性としての時間を考慮することで、発達的径路のダイナミックな性質を仮定すること

2　歴史的構造化ご招待（ＨＳＩ）

3　分析された径路に沿って、等至点（ＥＦＰ）と必須通過点（ＯＰＰ）と分岐点（ＢＦＰ）を明示すること

4　母親になる径路におけるさまざまなポイントで、社会的方向づけ（ＳＤ）と社会的助勢（ＳＧ）を同定すること

5　とりえた径路と実際にとられた径路の間のダイナミズムを分析すること

また、

6　時間における人間の活動を規定する記号《サイン》に注意を払うこと

このような形で、私たちCONTRADESグループの研究者たちによって実施された研究では、一般的な視点としてＴＥＡを採用することが増えている。ここで、私たちの諸研究はＴＥＭの構成要素の利用というだけにとどまるのではなく、いわば、全

[6] Reis, Lilian P. C. 2010 Cultural construction of motherhood: The experience of mothers from the Railroad Suburb in Salvador, Bahia. PhD Dissertation presented to Federal University of Bahia.

[7] Chaves, Sara S. 2011 Meanings of motherhood for women who decided for not having children. Master's thesis presented to Federal University of Bahia.

体としてのモデルを捉えることが可能な総合的な分析方法としてのTEAを用いる運動のようなものとして現れているのである。次にいくつかの研究を紹介していきたい。

■母親になる／ならないことをめぐる社会的方向づけと個人的志向

ブラジル・バイア州サルバドルの貧困地域に住む女性が母となるまでの径路の分析と、語りのフレームワークの採用により、レイス[6]は径路に沿った分岐点に作用するベクトルを明らかにした。たとえば、自宅で出産するのか病院で出産するのかというものである。

レイスは、社会的方向づけのベクトルに対抗して個人的志向が優先するような状況に注目した。レイスの主なポイントはこうである。微視発生レベルにおける個人の経験は、女性が母になるまでのプロセスを規定し、意味を見出すために利用される主たる資源《リソース》のひとつであるので、軽視することができない。図4－4はレイスの分析を図示したものである。

シャベス[7]は、母にならない決断をした女性の径路のダイナミ

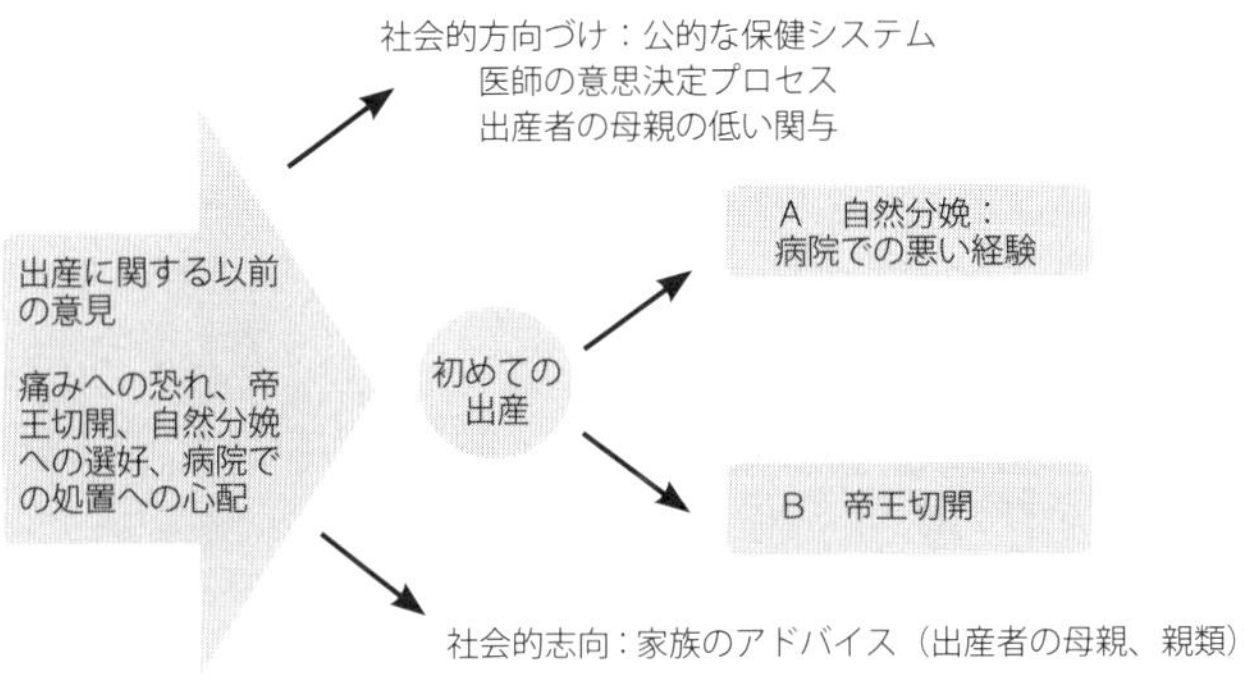

図4－4　出産までのプロセスの分析（Reis, 2010）

クスを表現するために、3次元の螺旋《らせん》のようなダイアグラムを描いた。それは質的な研究であり、この研究においては、子どもをもたない5名の女性に対して、くつろいだ会話ができるような環境での半構造化インタビューが行われた。彼女らは子どもをもたないという考えを初めてもった時について、そしてその後どのような人生を送っているかについて質問を受けた。この研究の目的は、女性たちが、たとえ普通とは違うと思われたとしても、子どもをもたないという決断を継続するためのよりどころとなっている心理的プロセスを明らかにすることであった。その分析は、意思決定の状況、決断への個人的反応、決断への社会的反応、社会的反応への個人的反応などのような軸が含まれている。そして、これらの軸それぞれによって、参加者一人ひとりが、意思決定プロセスと母性なるものの意味との間に存在している相反する感情をどのように表現するのかを明らかにした。

図4－5は、参加者のひとりに関して、織り上げられたこれらの軸のすべてを描いたものである。図4－6は、螺旋《らせん》のような径路を示す。その径路は、社会的に期待される一直線的な径路とは対照的である。シャベスは、右に向かう列の上に、分岐点に存在する自ら母親にはならない意思決定をする方向へと導くさまざまな役割（もしくは立場）を提示した。

サトウら[8]の論点を援用するなら、彼女のポイントは次の通りである。等至性と複線径路の考えは相携《あいたずさ》えて、まったく同一の目標というわけではない等至点として織り上

[8] Sato, T., Yasuda, Y., Kido, A., Arakawa, A., Mizoguchi, H., & Valsiner, J. 2007 Sampling reconsidered: Idiographic science and the analysis of personal life trajectories. In J. Valsiner & A. Rosa (Eds.), *The Cambridge handbook of socio-cultural psychology* (pp. 82-106). New York: Cambridge University Press.

[9] Ristum & Dazzani [Chaves] 2014 In K. Cabell, J. Valsiner, G. Marsico, & C. Cornejo (Eds.) *Annals of cultural psychology: Exploring the frontiers of mind and society. Volume 1: Making Meaning, making motherhood.* Charlotte, NC: Information Age Publishing.

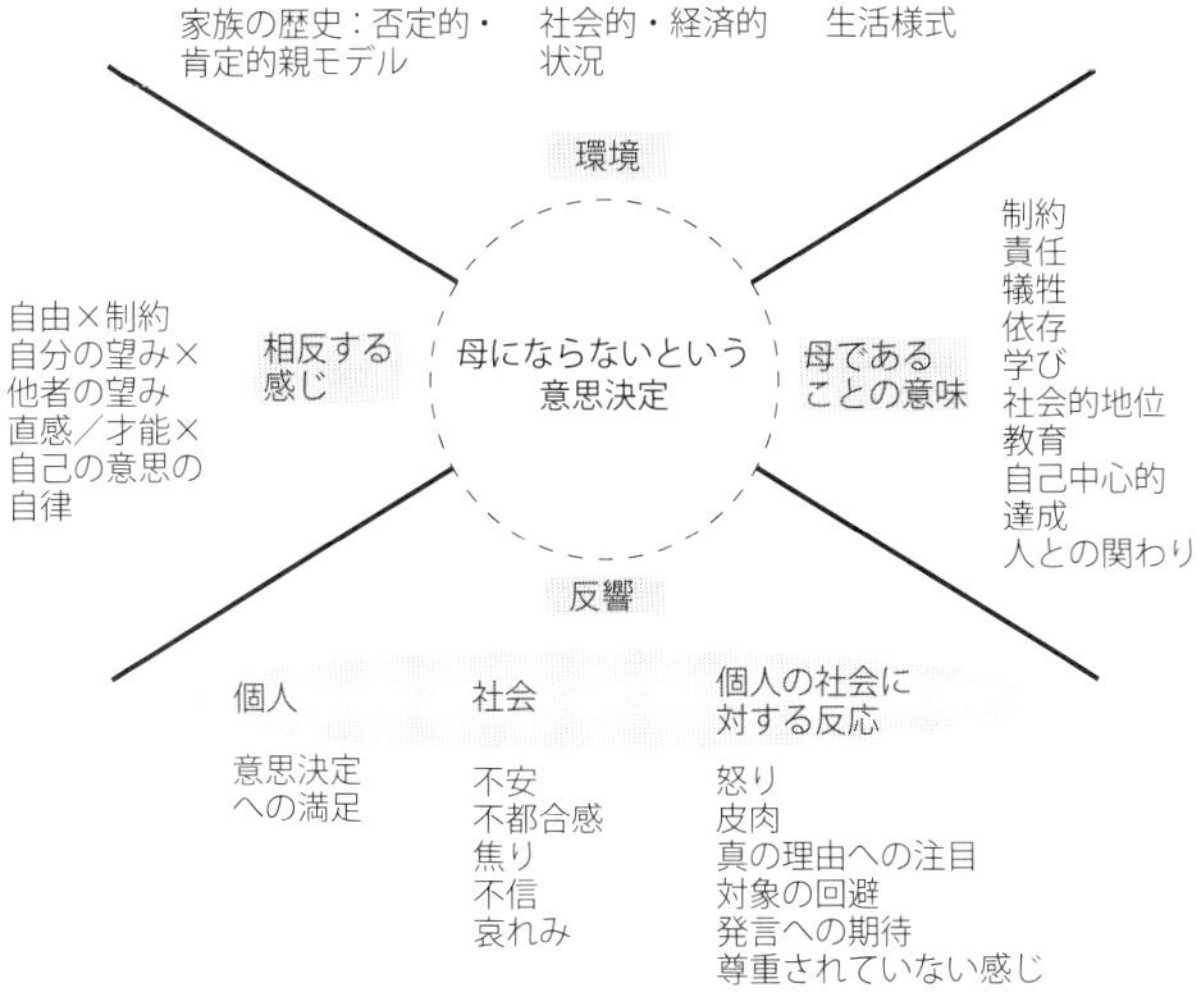

図4-5　母にならないという意思決定 ── 分析の軸

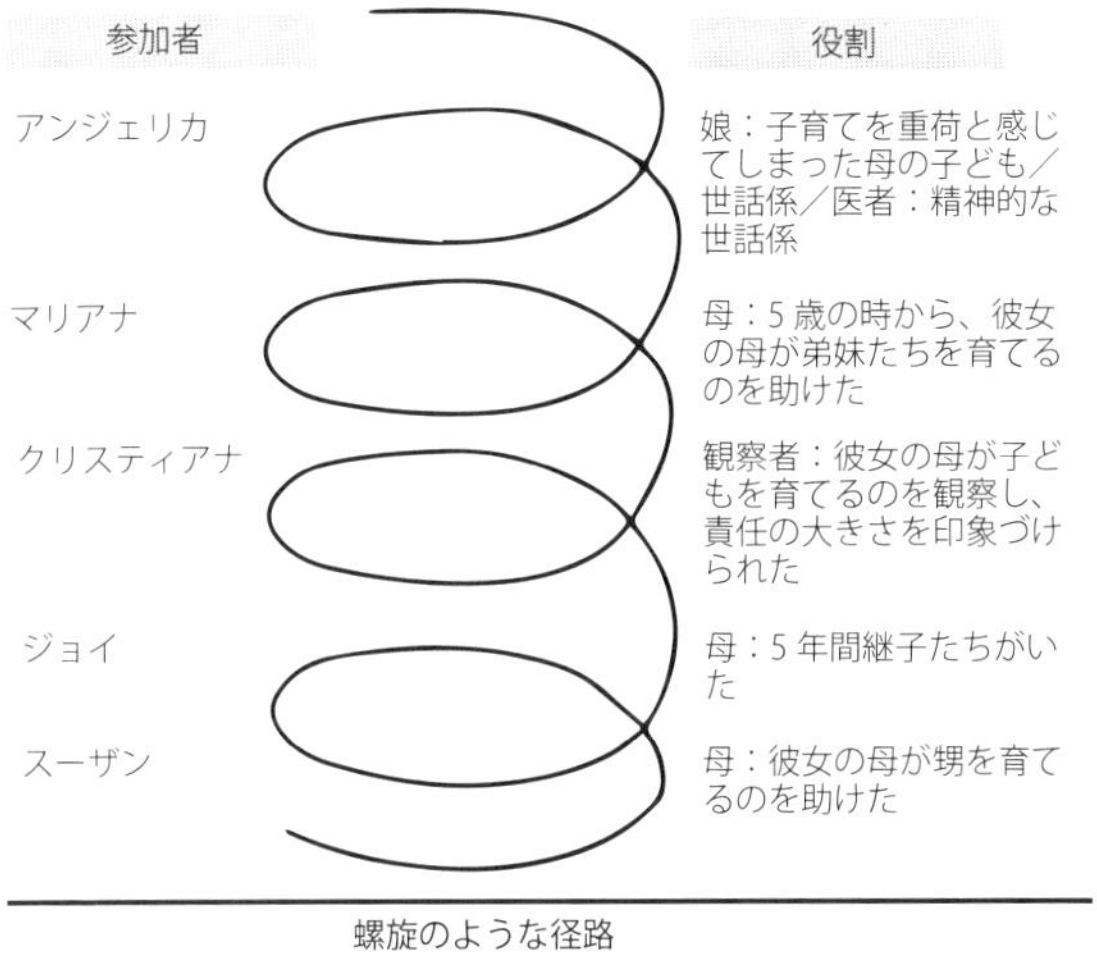

図4-6　子育て中の参加者 ── 生活におけるそれぞれの参加者の役割

げられることになる。等至点は同一なゴールを意味するのではなく、むしろ、さまざまな径路の時間的なコースにおける類似領域とでも呼べるものを創り出している。こうした類似性は、記号論的領域としての「母にならないことの自発的選択」と一致する。

リツムとダザニ[9]は、同様の図形化を用い、アメリカの学校に子どもが通っている外国人母親の参加者を分析した。その分析において、図4－7、図4－8にみられるように、一直線的で通常の径路と、螺旋の径路を対比させ、比較した。

■影の径路

潜在的径路と**生きた径路**との間の緊張が、バストス[10]によって、影の径路（shadow trajectories）という概念を通して探究されている。こうした探究は、TEMに**詩的運動**の概念を組み入れた時のTEMのあり方について議論するものとなる。発達は、事実の領域と想像の領域の間[11]のダイナミックな緊張関係を含むものであり、その緊張関係は詩的運動と呼ばれている。心理的な新規性は、事実xの領域と、想像され可能かもしれないx́の領域の間の、そして過去－現在－未来の間の、それぞれ対極的なもの同士の結合から発生する。バストスの研究は、同一家庭の6人姉妹が母親となる移行過程を分析した彼女自身の事例研究（彼女たちが65歳から82歳の時にインタビューを行った）から出発している。この女性たちは、40年（1940年代から1970年代）の間に、彼女らの多様な経験と、社会的文脈にみられる文化的新規性として表象されるで

[10] Bastos, A. C. S. 2012 Notes on the Trajectory Equifinality Model, poetic motion and the analysis of autobiographical narratives. Paper presented at the II International Seminar of Cultural Psychology, Salvador, Bahia.
　Bastos, A. C. S. 2014 Motherhood & Movement (Over Time): The poetic motion of motherhood meanings through the lens of lived temporality. In K. Cabell, J. Valsiner, G. Marsico, & C. Cornejo (Eds.) *Annals of cultural psychology: Exploring the frontiers of mind and society.* Volume 1: *Making meaning, making motherhood.* Charlotte, NC: Information Age Publishing.

[11] literal and imagined domains の訳。

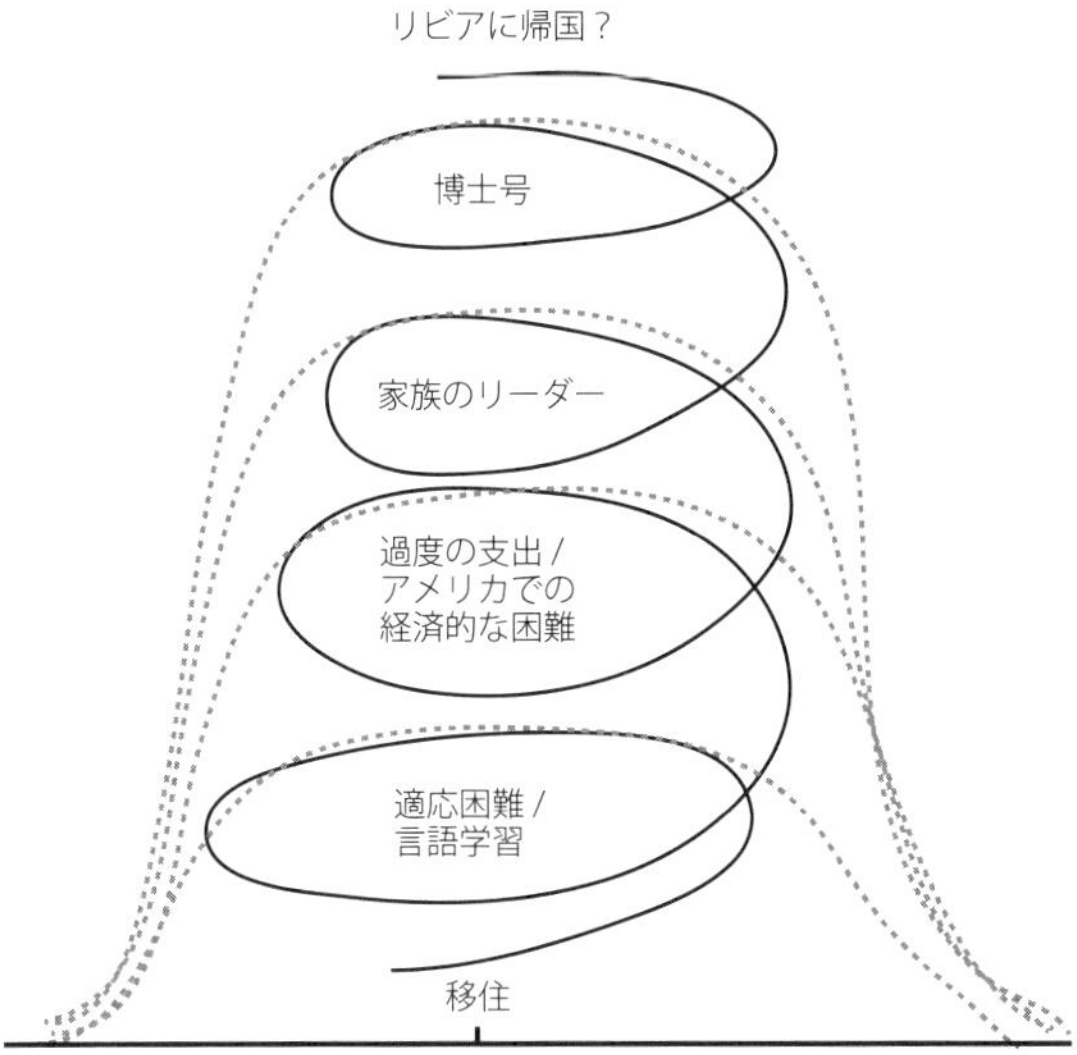

図4-7　ナジラの螺旋状の人生の径路（Ristum & Dazzani, 2014[9]）

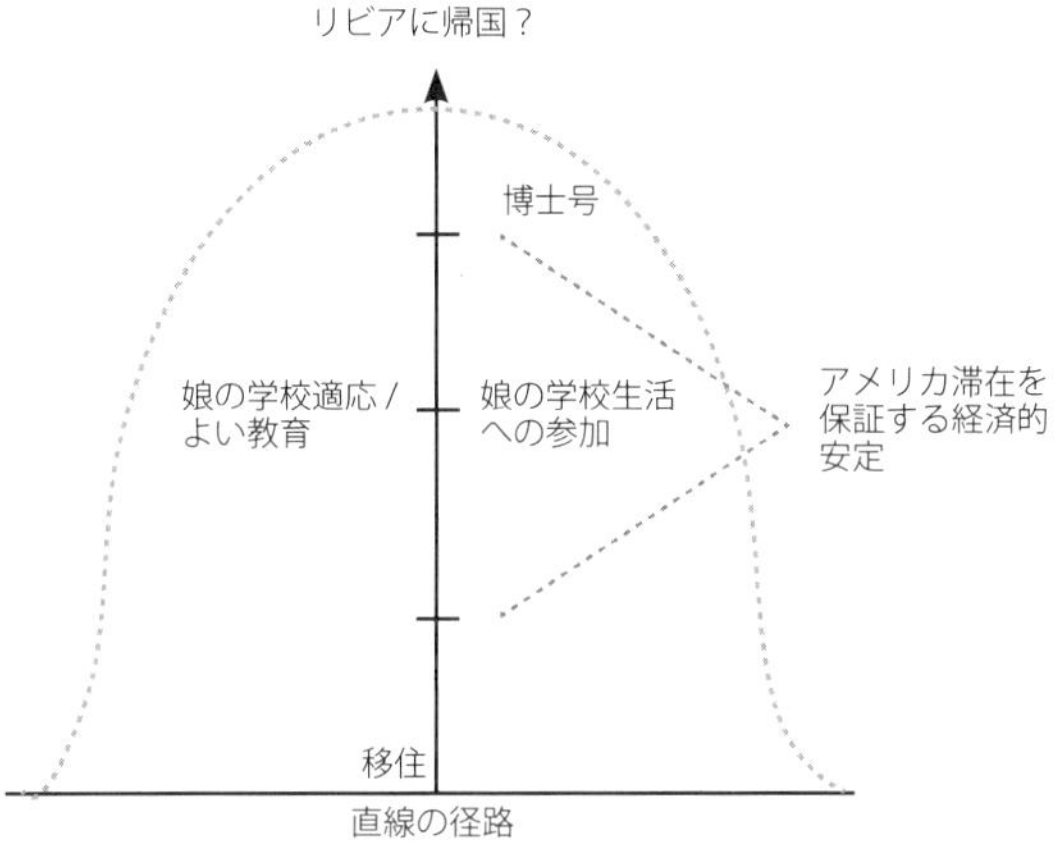

図4-8　予期された直線的な人生の径路（Ristum & Dazzani, 2014[9]）

あろう個人的活動を通して、母親になっていった。こうした新規性は、彼女らの径路に沿って効果的に実行される計画と想像されうる可能性との間の相互作用から生起してくるようだ。これらの傾向は社会的に「支配的」であると考えられる径路のラインの対極に位置し、**影の径路**と呼ばれる。彼女らの経験においては支配的径路と影の径路という2つの径路がどちらも存在し、対話的自己領域のなかでダイナミックな緊張関係にあった。この論文では、可能性をひとつのカテゴリーとして探究する意図があった。そのため、哲学的、心理学的（特にTEMにしたがって）、日常的ディスコースを分析することを考えたのである。参加者たちの語りを通して、これら2種類の径路が女性たちの現在進行形の経験のなかでどのように実現されるのか、つまり、「支配的もしくは中心的な径路」に関する発達的連続性を、「影の径路」がどのように支持しうるのか、増幅しうるのか、誘導しうるのか、弱体化しうるのか、そして新しく創造しうるのか、ということに焦点をあてて分析している。

「母になること」は、この論文における分析の（持続的かつ創造的な）等至点である。参加者が生きている社会文化的、歴史的コンテクストのなかでは、結婚は必須通過点にほかならない。著者は、クーニャ[12]が定式化した「第一の声と第二の声」という概念とのアナロジー（類推）を用いて、（実現した、もしくは実現中である）支配的径路と影の径路のメタファーを提示した。これら支配的径路と影の径路は対話的自己と相互作用している。また、支配的径路と影の径路は、人間の現在の経験の一部であると同時

[12] Cunha, C. 2007. Constructing organization through multiplicity: A microgenetic analysis of self-organization in the dialogical self. *International Journal of the Dialogical Self*, 2(1), 287-316.

[13] Pontes, V. V. 2013 Building continuity in face of successive ruptures: Semiotic strategies of dynamic repairing of the Self. PhD Dissertation presented to Federal University of Bahia.

に、特定の社会的方向づけの方略のもとで、異なるかたちで相互に関連している。その力学は図４－９に示されている。

習慣性流産の女性が経験する繰り返されるラプチャー（rupture：突発的な出来事）後の、ダイナミックな自己修復の記号論的ストラテジーを分析したポンテスも[13]、影の径路の概念を採用した。マットスの成人の移行における自己発達の研究と同様にポンテスの研究は、ブラジルにおけるＴＥＭの視点で行われる一連の研究に位置づけられるものである。この研究は分析において、複線径路等至性モデル（ＴＥＭ）、発生の三層モデル（ＴＬＭＧ）、歴史的構造化ご招待（ＨＳＩ）、さらには対話的自己理論（ＤＳＴ）も含めて、ＴＥＡをより包括的に着実に利用していることに特徴づけられている。

ポンテスは、時間の流れにおける対話的自己のダイナミクスを理解することと、ラプチャーが起こったり、それが再発するにもかかわらず、凝集したままの自己の再構築のプロセスを同定するためにそれらを分析することを目的とした。方法としてはエスノグラフィー研究が採用され、バイア州サルバドルの女性のためのヘルスケアの２つの異なった文脈において、習慣性流産と診断さ

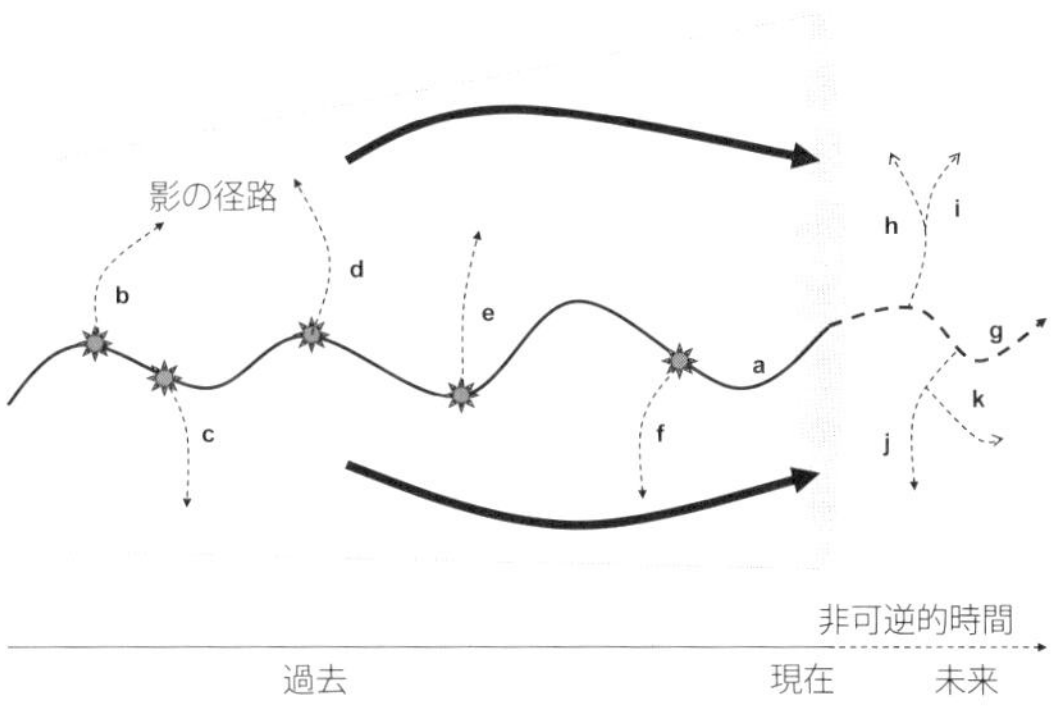

図４－９　支配的な径路と影の径路　現在における多重なつながり

れた夫婦を対象に進められた。一方では公的なネットワークに、他方では私的なネットワークにつながっている夫婦が対象となった。データ収集法に関しては、ナラティヴインタビューに特に注意が払われた。研究の参加者は、習慣性流産の経歴をもつ10名の女性である。

個人的文化の持続不可能性と再構築のプロセスを理解するためにＴＥＡを適用し、参加者の再現された径路間について記述的な比較を行った後で、この特殊な経験の一般法則を提示することが可能となる概念が構築された。最終的に、繰り返し起こる著しいラプチャーの経験は、記号論的プロセスの特別な類型となる。それは、ダイナミックな自己治癒力をもった記号論的方略である。

このプロセスは、異なる時間に起きる出来事を伴う順次的モデルとして熟考され記述された。

（a）時間１：修復できない破壊的な出来事の生起。近いうちに、もしくはすぐに起こるだろうと想像したり予測したりしていたことが、突然、はっきりと起こった（時間的ラプチャー）。（b）時間２：ラプチャーによって引き起こされた内部の混乱。外部とのラプチャーは、私は誰だったのか、誰なのか、誰になるのかという自己同一性と一貫性を脅かす、自己の感覚に関する内的ラプチャーを引き起こす。（c）時間３：統合された感覚を取り戻すために、ラプチャーによって引き起こされた、内部の混乱から自身を守る防御反応。通訳者としての自己は、象徴的言語でラプチャーを翻訳し

[14] Pontes, V. V. & Bastos, A. C. S. 2014 Unaccomplished trajectories: Shadows from the past in the present and future. In L. M. Simão, D. S. Guimarães & J. Valsiner (Eds.) *Temporality: Culture in the flow of human experience.* Charlotte, NC: Information Age Publishing.

[15] Mattos, E. de 2013 Self development in the transition to adulthood: A longitudinal study with youth from Bahia. PhD Dissertation presented to Federal University of Bahia.

ようとする努力を生み、突然さえぎられた人生の径路のかけらをつなごうとする。そのために、自己の再発見・再構築を行う自己の奮闘は、無数の記号《サイン》（修復の記号）を作ることで、ダイナミックな自己治癒の記号論的方略を利用し、修復するための力を集める。そしてそれは、将来あるべき姿をつくりあげ、過去と現在の間のつながりを修復するために、重ね合わされる。

■階層的自己のダイナミックな変容

これらの考えは、さらに進んだ分析に拡張されている[14]。マットス[15]は、文化発達心理学と対話的自己理論の視点から、「若くある」という経験に含まれるプロセスに焦点をあて、多様な出来事が同時に起こりやすい重要な発達時期の自己システムの配置と再配置において起こる変化を特に考察した。参加者は、6名の若者（3名が女子、3名が男子）で、バイア州サルバドルの町外れのコミュニティに住み、予備調査に参加した者たちである。とりわけマットスは、若者の生活の、関連した3つの次元のメカニズムを明らかにした。それ

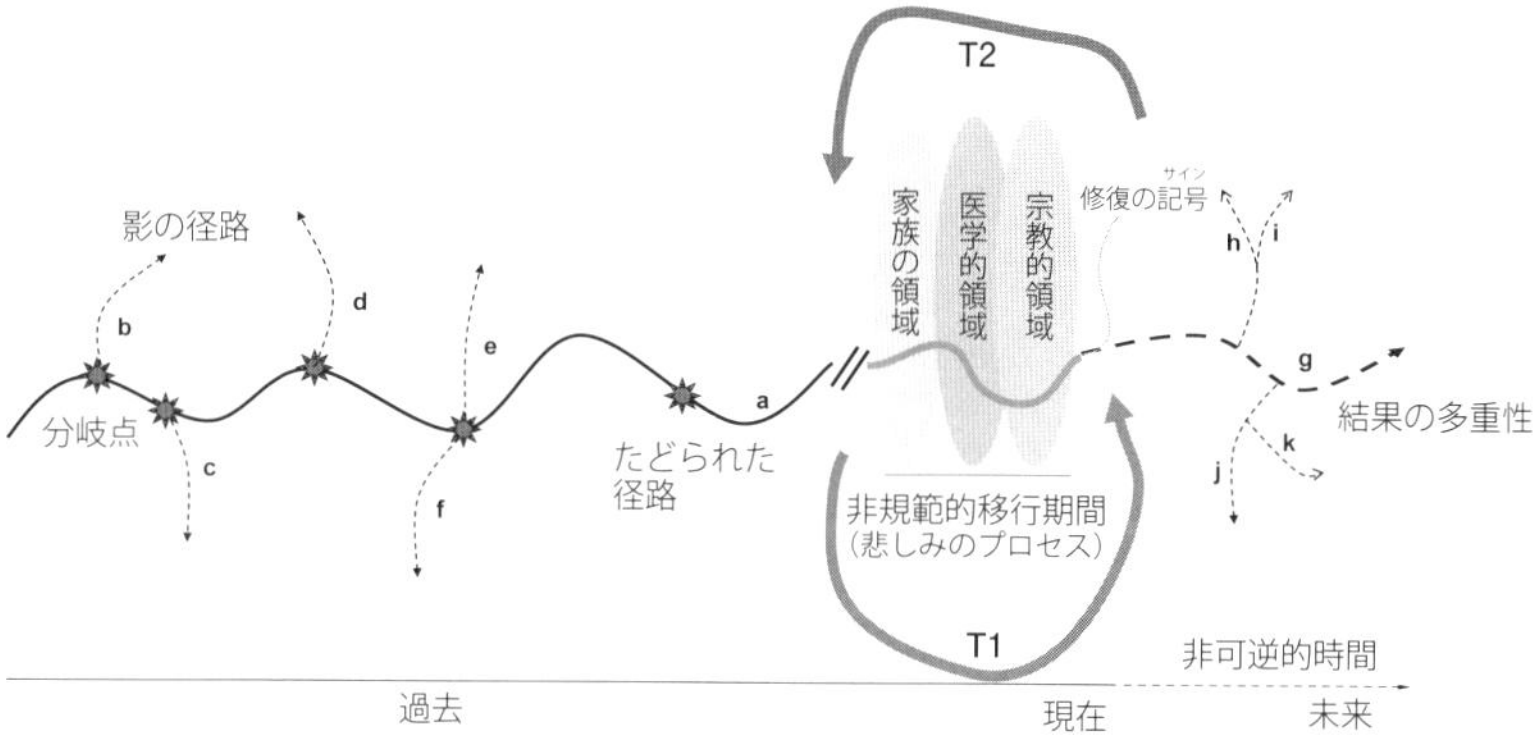

図4-10　ダイナミックな自己修復のストラテジーと出現した修復記号

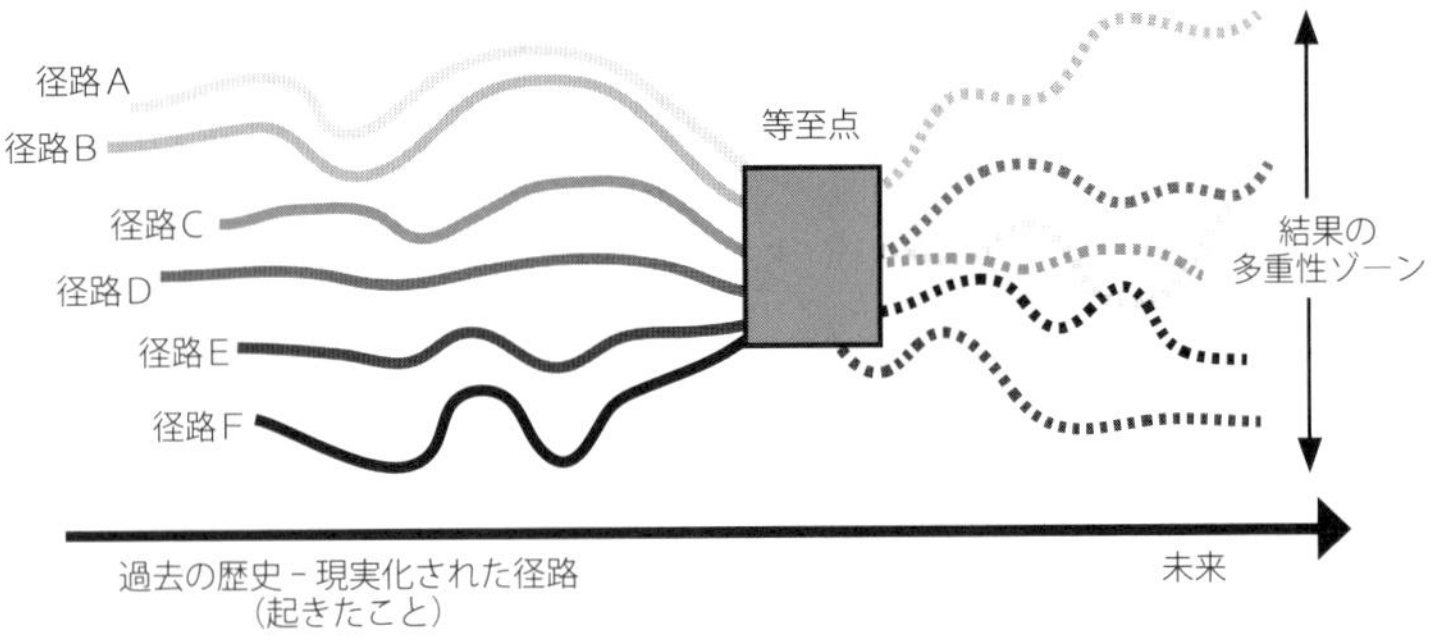

図4-11　予期されるプロセスの多線的な視点（Mattos et al. 2014）[16]

は、（1）価値のシステムの構築、（2）所属感の追求、（3）未来志向の時間の視点の構築を含む「なること」の感覚の構築、である。このアイデアは、経時的事例分析を基礎とした進行中の自己ダイナミクスに表されており、これらのメカニズムが長い時間のなかでどのように変化するのかを描き出している。

この研究はデータ収集に3つのステップを含む方法論的アプローチをとっている。ひとつめは、若者が18歳から19歳の時、次に、21歳から22歳の時、3つめに22歳から23歳の時である。詳細なナラティヴインタビュー、人口統計学的データ、フィールドデータと社会ネットワーク分析表（第2段階のみ）を手段として用いた。一度文字に書き起こし、特にこの研究のために開発した手順を用い、経時的視点の分析を通して、メゾ的、マクロ的分析と結びつけ、分析を行った。縦断研究であるため、見習い期間を経

[16] Mattos, E. de & Branco, A. 2014 Exploring the intersection of personal and collective meanings: 'Responsibility' in the transition to adulthood. To be published in *Psychology and Society*.
Mattos, E. de & Chaves, A.M 2014a Exploring the role of catalyzing agents in the transition to adulthood: A longitudinal case study with brazilian youth. In K. R. Cabell, & J. Valsiner (Eds.) *The catalyzing mind, annals of theoretical psychology 11*, DOI 10.1007/978-1-4614-8821-7_9. New York: Springer Science.
Mattos, E. de & Chaves, A.M. 2014b. Symbolic motherhood: exploring the dynamics of double catalyzing processes. In K. Cabell, J. Valsiner, G. Marsico, & C. Cornejo (Eds.) *Annals of cultural psychology: Exploring the frontiers of mind and society*. Volume 1: *Making meaning, making motherhood*. Charlotte, NC: Information Age Publishing.

て労働者となるという、当初の類似したゾーン（等至性ゾーン）を明確にすることができた。このゾーンは、あることとなることの新たな道が発生するという意味で分岐点を表すことにもなる。彼女の研究結果は、イノベーション（新しい考えなど）が次々と生まれるサイクルを通して、階層的自己がダイナミックに変容することを示している。こうしたイノベーションは、若者が舵取りする経験の領域と同時に自己の領野でも発生する。図4－11は、マットスが用いた、予期されるプロセスの多線的な視点を表している。マットスの分析は、彼女の近年の業績にも広げられている。[16]

結論として、TEAという方法論は、研究の方向性を新しく広げ、文化的文脈における人間の発達の分析に時間を含む可能性をつくり上げたという点において、ここブラジルにおいて有益であったし有益であり続けると私たちは主張する。

〔訳：上田敏文・山本聡子〕

5章

TEAの布置をリフレクションする

5-1 システム論とTEA

■TEA（TEM）は第何世代のシステム論か

システム論とTEA（TEM）との関連性を考えるために、まず河本[1]によるシステム論の歴史的発展についての世代論に基づき、システムという用語の整理から始めたい。河本[1]によると、システム論の第一世代に位置づけられるのは、ベルタランフィの**一般システム論**に代表される**動的平衡システム**である。動的平衡システムは、入力と出力の流れのなかで、開放系として、持続的にゆらぎを解消しながらシステムを維持する。続く第二世代のシステム論では、自己形成し、なおかつシステムの形成を通じて周辺条件を変化させていくシステムの**自己組織化**の機構の有り様、すなわち、**動的非平衡システム**が焦点化される。この自己組織化では、平衡状態から大きく隔《へだ》たった状態において、マクロな規則性からの逸脱であるゆらぎが増幅され、システム全体を巻き込むことによって新たな秩序形成へとつながる。そして第三世代のシステム論では、システムの境界の自己設定や**観察者問題**を中心に取り扱うオートポイエーシス論へと至っているとされる。

[1]河本英夫 1995『オートポイエーシス――第三世代システム』青土社

TEA（TEM）の**等至性**という概念は、ベルタランフィが一般システム論で用いている中核的概念であることから、TEA（TEM）が第一世代のシステム理論から直接的な影響を受けていることは間違いない。システム研究者が、TEA（TEM）の発達過程における等至性が枝分かれしていく径路とその再合流として表現された図（図5－1）を最初に目にしたとき、ウォディントン[2]が胚の発生過程を谷が枝分かれしていく地形図とそこを転がるボールとして表現した**後成的風景図**（epigenetic landscape）（図5－2）を連想し、そこに同型性を見出すのは自然であろう。サトウ[3]は、このモデルを人間発達にあてはめるならと限定したうえで、「その形が末広がりであり、個人の違いがどこまでも拡大していくことを暗示するモデルになっている」と図5－2の図5－1との相違点を指摘しているが、人生の径路は、文化・社会的環境や個人の能力などによって制約され、発生胚ほどの分化の可能性を有しているわけではないので、その指摘は妥当であろう。

■TEA（TEM）のシステム論としての独自性

さて、第一世代、第二世代いずれのシステム論においても、システムの振る舞い自体は外部の第三者の視点から観察されていたが、TEMではまさにその点が問題となり、その意味では第三世代のシステム論といえる。すなわち、「等至点は『same（同一）ではなく、similar（類似）な経験』である。等至性は、捉える側と経験する側の

[2] Waddington 1966 *Principles of development and differentiation.* Macmillan.（岡田瑛・岡田節人（訳）1968『発生と分化の原理』共立出版）

[3] サトウタツヤ 2009「HSSの発祥とTEMとの融合」サトウタツヤ（編著）『TEMではじめる質的研究——時間とプロセスを扱う研究をめざして』（pp.33-54）誠信書房

[4] サトウ 2009 前掲書 p.42.

二重性の接点に存在するからこそ、若干やっかいな問題を抱え込むことになる[4]」のであり、具体的には「研究成果のフィードバックを受けたインタビュイーは『たしかにポイントで表されていることはその通りなんだけど、こう描かれてしまうと自分の体験とは異なる[5]』」というような事態が生じうる。つまり、研究者の視点か経験者の視点かという問題であり、人間科学の場合、当然そのような事態も生じるが、この点については、サンプル数の問題やサンプリング方法（歴史的構造化ご招待：HSI）も関わってくる。「（歴史的構造化サンプリング：HSSにおける）サンプリング手順としては、研究対象となるある経験を（便宜的に）同じ経験として考え、ひとつのカテゴリーを生成し、その経験をした人を対象にして研究を行うが、その経験に至る径路は誰もが同じだと考えるのではなく、さまざまな

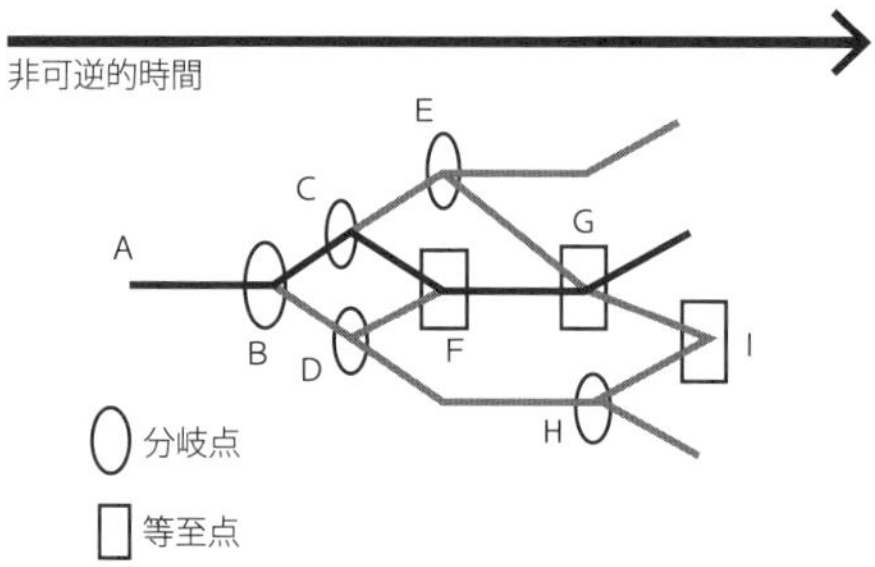

図5-1　TEA（TEM）による発達における等至性の表現（サトウ, 2009[3]）

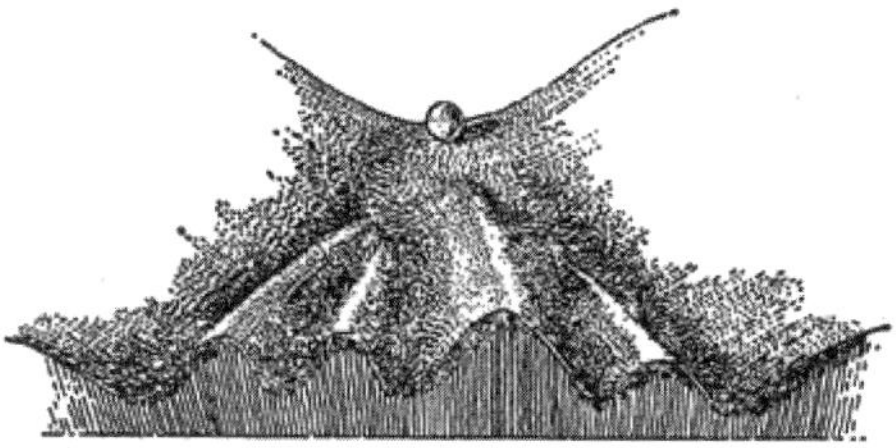

図5-2　ウォディントンの後成的風景図（Waddington, 1966[2]）

径路を仮定する。そして何よりも、最初同じものとして考えたひとつの経験がどのような幅を持ちうるのか考えるのである。『同じ』ではなく『同じような』経験として考えるのである。このような方法で普遍性に近づくのがＨＳＳなのである[6]。研究者が「同じような」と考えるだけでなく、経験者も納得し、同じ問題を抱える人にとってもメタ的な指針として有効に機能するということがひとつのプラグマティックな基準になりえるだろう。

■ＴＥＡ（ＴＥＭ）とレヴィンの場理論

ここで突然に、心理学分野におけるＴＥＡ（ＴＥＭ）に一番近いシステム論はレヴィン[7]の**場理論**である、と主張するとやや奇異な感じを受けられるかもしれない。ＴＥＡ（ＴＥＭ）は、ヴァルシナーの記号論的な文化心理学をその理論的バックボーンとしているため、基本的には個人の認知システムをそのシステム論の中心に据えている。それに対して、レヴィンの場理論には、個人の認知システムも含まれるものの、一般には、むしろ他者との対人的相互作用を社会的場として理解しようとするシステム論として理解されているからである。しかしレヴィン[7]が、社会的場面を理解するうえで心理的力のおよぶ領域として「場」を提唱し、ｔ時点からｔ＋１時点の場の変化をみることで心理学における力学を構成することができると考えたことをふまえれば、元々の場理論の構想には、長期的な時間軸上での生活空間の変遷も確実に視野に

[5]荒川歩 2009「ＴＥＭ図の線の見方／味方――公約数的研究から公倍数的研究へ」サトウタツヤ（編著）『ＴＥＭではじめる質的研究――時間とプロセスを扱う研究をめざして』(pp.145-152) 誠信書房

[6]サトウ 2009 前掲書 p.36. なお、現在、「歴史的構造化サンプリング（ＨＳＳ）」は、「歴史的構造化ご招待（ＨＳＩ）」へと名称替えがなされている。「1-1 複線径路等至性アプローチ（ＴＥＡ）」を参照。

[7]Lewin, K. 1951 *Field theory in social science: Selected theoretical papers.* (Edited by Dorwin Cartwright.) Oxford, England: Harpers.（猪股佐登留（訳）（1956）『社会科学における場の理論』誠信書房）

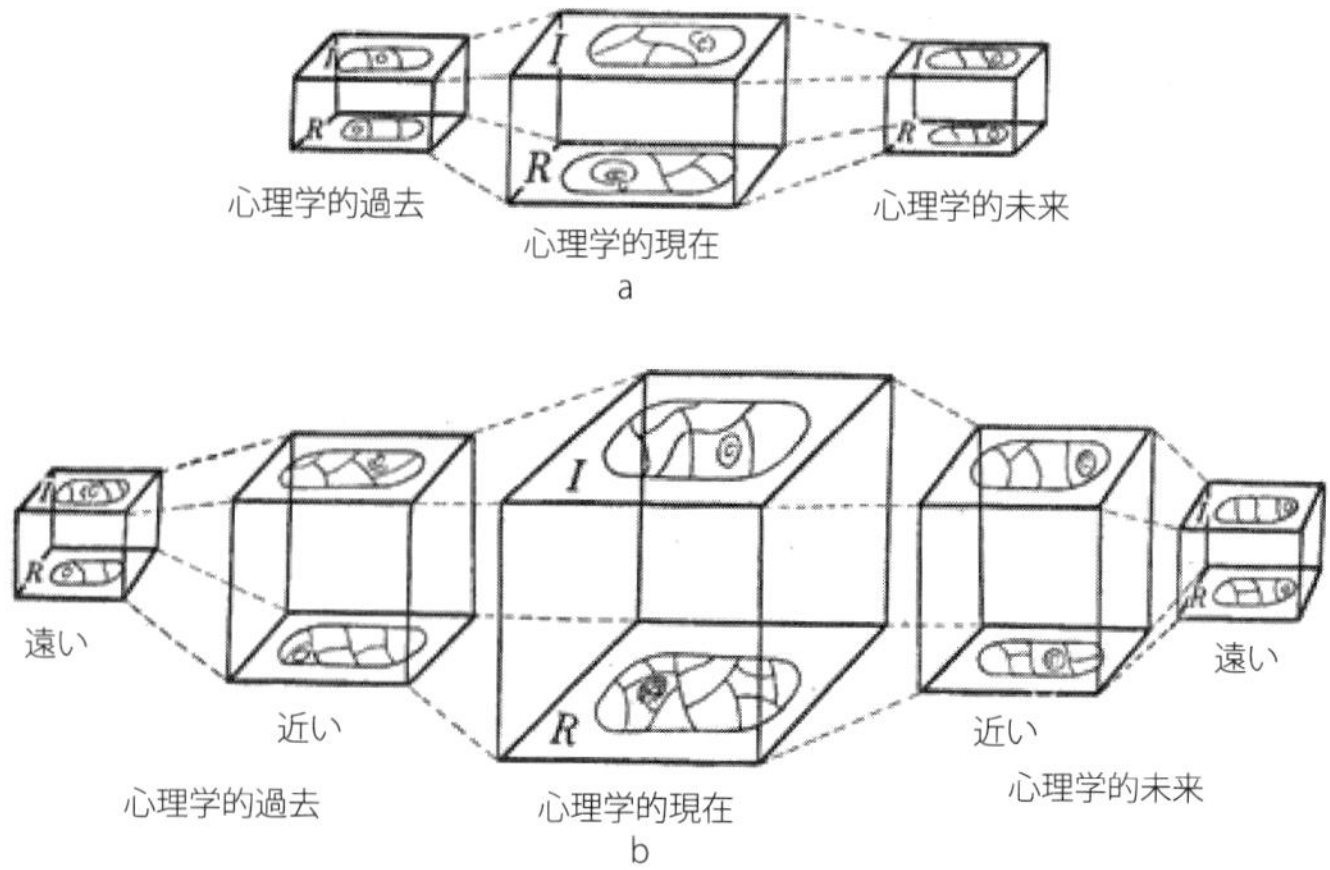

図5-3　時間的展望の範囲が狭い比較的年少の子どもの生活空間（図の上段a）と時間的範囲が広い比較的年長の子どもの生活空間（図の下段b）の比較（Lewin, 1951[7]）

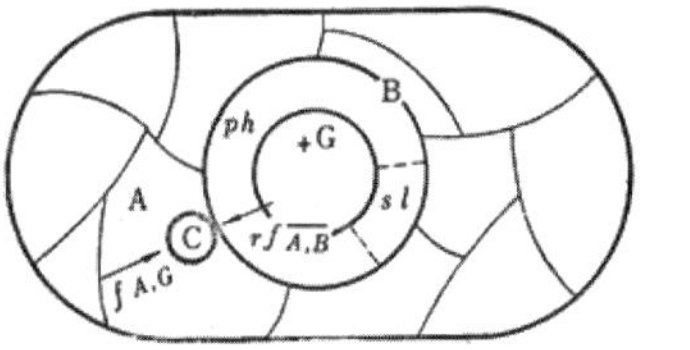

子ども(C)が目標に到達するには障壁(B)に存在する物理的障害(ph)と社会的障害(sl)の両方から影響を受ける。

図5-4　領域Aに存在する子ども（C）に作用するプラスの誘因価をもつ目標（G）への推進力（f A,G）と規整力(r$f\overline{\mathrm{A,B}}$)による葛藤状況（Lewin, 1951[7]）

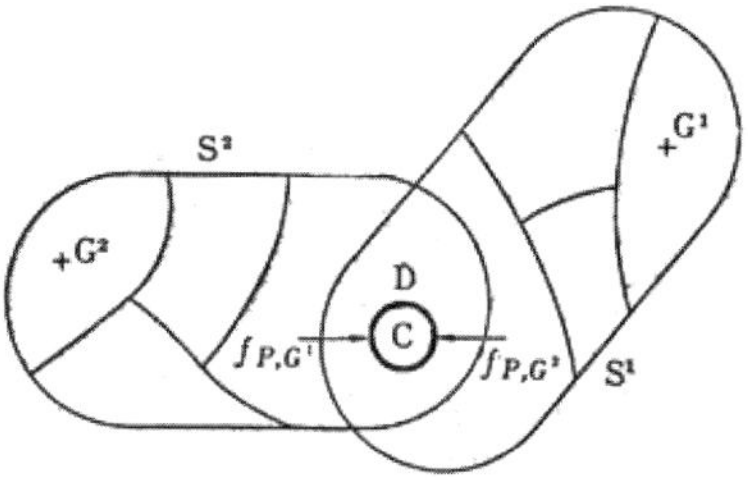

プラスの誘因価をもつ目標1（G^1）およびその目標が存在する状況1（S^1）と同じくプラスの誘因価をもつ目標2（G^2）およびその目標が存在する状況2（S^2）が重なり合った領域(D)事態において、個人（C）に目標1へ向かわせる推進力（f P,G^1）と目標2へと向かわせる推進力（f P,G^2）が拮抗して作用している。

図5-5　決断をなす領域（D）に存在する個人（C）の未決断の状態（Lewin, 1951[7]）

含まれていたと考えられる。

葛藤研究や対人関係研究においては、場理論の直接的展開ではないながらも、その理論的影響を受けた研究者の流れが続いたが、レヴィンの時系列的観点そのものを受け継ぐ研究はその後ほとんど行われなかった。もっとも、レヴィンによる「ある一定の時点における個人の心理学的過去および未来についての見解の総体」という時間的展望の定義を出発点のひとつとして、個人の過去や未来についての認知や情緒が現在の状況にどう影響を与えているかを検討する多くの**時間的展望**（図5－3）の研究が展開されたが、レヴィンの時間的展望に関する包括的な観点を十分に反映していたとはいえない。例外的にケリー[8]が、ゲーム理論的に、ある状況において取られた選択肢の結果その状況が別の状況に変化するという、状況と状況の変遷リストの提案を行ったが、残念ながらその後の発展はみられなかった。しかしながら、個人の目標に対する推進力と規整力との葛藤状況（図5－4）や、未決断の状態から決断への領域の移行（図5－5）を時間軸上で展開するなら、それらはTEM図とかなり類似した表現になってくるのではないだろうか。もちろん、TEA（TEM）がレヴィンの場理論から明確に直接的な影響は受けていないことは承知しているが、TEM的な構想をもったシステム論の源流として場理論が存在したと指摘することは、それほどうがった見方ともいえないであろう。

〔石盛真徳〕

[8] Kelley, H. H. 1984 The theoretical description of interdependence by means of transition lists. *Journal of Personality and Social Psychology*, 47, 956-982.

■参考書

アーサー・ケストラー、ジョン・レイモンド・スミシーズ（編）池田善昭（訳）1984『還元主義を超えて――アルプバッハ・シンポジウム'68』工作舎

5-2 家族療法とＴＥＡ

■家族療法とは

家族療法は、１９５０年代、家族[1]が一堂に会して行う心理療法という意味で開始された。１９７０年代以降、家族とは人びとが相互作用して変化・形成するシステムであるという考え方が強調されるようになり、家族療法は**システムズアプローチ**、あるいは家族／システムズ療法とも呼ばれるようになった。[2] 現代では、「家族」という定義にとらわれず、個人を**システム**[3]の一員としてとらえ介入していこうという動きがますます強まっている。

家族の問題は、家族の構造と機能のあり方と、家族の発達段階の３つの面からとらえる必要がある。[4] 家族には７（ないし８）段階の発達過程があると言われており、その移行がうまくいかないときに、問題が生じやすいと考えられている。[5]

■家族療法とＴＥＡの接点

ＴＥＡはベルタランフィのシステム論を基盤とし、オープンシステムにおける相互

[1] 一般的に、家族とは、夫婦・親子といった血縁的つながりと、日常生活の共同という2つが基本条件とされてきた。だが実際はこの定義に該当しない家族も数多く出現しており、家族のあり方は多様性を増していることが指摘されている（平木・中釜 2006）。

平木典子・中釜洋子 2006『家族の心理 ── 家族への理解を深めるために』サイエンス社

[2] 藤永保（監修）2013『心理学事典』平凡社 p.68.

[3] 家族をシステムとしてとらえる理論として家族システム理論がある。藤永（2013）は、「家族療法の基盤には、家族とは単なる数人の人びとの寄せ集めではなく人びとが有機的に関係し合って、全体としてまとまって一連の機能を果たしているシステムととらえる」視点があると述べている。

藤永 2013 前掲書

[4] Barker, P. 1981 *Basic family therapy*. London: Granada.（甲斐隆ら（訳）1993

作用を描こうとする意味で、家族療法、家族心理学と多くの視点を共有する。[6]

具体的には、家族療法における鍵概念とＴＥＡにおける概念には類似するものがいくつかある。ＴＥＡで「等至性」と訳されている「Equifinality」は、家族療法においては「等結果性」という言葉で用いられている。「等結果性」には「いろいろな道筋をたどりつつも同じような結果に至る」という複線性（Trajectory）の意味も内包されているが、ＴＥＡでいう「複線性」をより積極的に変化に役立てようとする家族療法の技法として**リフレーミング**[7]がある。また、ＴＥＡには多様な概念があり、それらを効果的に組み合わせて現象をより細やかにみることが推奨されているが、家族療法においても家族の力動や家族成員の行動を理解しようとするための鍵概念や介入方法がいくつかあり、[8]それらをどう組み合わせていくかは自由度がある。そのように問題を丁寧に理解しようという姿勢も、ＴＥＡと家族療法の接点と言えるだろう。

■家族療法にＴＥＡをどう生かすか

【家族の経てきたプロセスを理解する】家族が選択した径路、しなかった径路を描くことで、その家族がたどった歴史を理解することができる。マクゴールドリックらの家族に降りかかるストレス図[9]における水平的ストレッサーを時系列で、垂直的ストレッサーを社会的方向づけ（ＳＤ）／社会的助勢（ＳＧ）として描くことで、その家族のＴＥＭ図ができる。家族療法では、家族の歴史を聞き取り家族のライフサイクル

『家族療法の基礎』金剛出版）

[5]家族の発達段階については、本項であげた引用文献や参考書を参照。

[6]曽山いづみ・中釜洋子 2012「家族心理学におけるＴＥＭ（複線径路・等至性モデル）の活用可能性」『家族心理学年報』30, 146-158.

[7]リフレーミングとは「ある概念や現実を異なった視点や積極的な意味づけから再定義すること。家族療法では、家族メンバーが問題や症状をシステムの視点から見直し、他者の視点を受け入れ、視野を広げる上で役立つ」（平木・中釜 2006）と定義されている。膠着《こうちゃく》した関係を新たな枠から位置付け直すことによって問題のとらえ方を変えようとする試みであり、セラピストや家族メンバーによってリフレームされた語りが、家族メンバー間で肯定的に聞き取られることによって大きな意味をもつものである。

平木・中釜 2006 前掲書

上の位置を知るために、ジェノグラム[10]（家族図）をつくりながらセッションを行うことがあるが[11]、家族の構造を図にするとジェノグラムに、家族が語る歴史を時系列に描いていくとTEM図になると言えよう。また、家族の未来（家族がたどり着きたい目標）を考える際にも、TEAの考え方を使うことは有用であろう。目指したいところがはっきりとしている場合には、それを等至点として表し、それへの道筋を考えることができるだろうし、明確な目標がない場合にはZOF《ゾフ》（Zone Of Finality）という考え方が有効に働くだろう。特に現状が膠着《こうちゃく》している場合には、等至点と両極化した等至点の両方を描くことで視野が広がったり、ZOFのように幅のある未来を考えることで新しい視点が得られるかもしれない[12]。

【多様な家族のあり方を描く】「等至点」という考え方を用いることで、固有の家族がたどる個別の径路を他家族の径路と並べて描くことができる。個人に対する研究と同じように、ある経験（等至点）をしたいくつかの家族についてのTEM図を描くことで、家族のたどるプロセスの多様性が明らかになる。何がプロセスを分ける分岐点となるのか、社会や周囲からの力がどのように働くのか、を検討することができ、その家族がたどった道筋や置かれた布置を理論的にとらえることができるだろう。何が分岐点であり何が必須通過点であるのかを丁寧に探りながらそれぞれの家族のプロセスを描き位置づけていくことを通して、ある経験をした家族の研究をする際にも、臨床の場で出会った家族について考える際にも、単なる「偶然」でない家族の有り様を

[8] 家族療法の鍵概念と介入方法については平木・中釜（2006）やバーカー（1993）を参照のこと。
平木・中釜 2006 前掲書
バーカー 1993 前掲書

[9] 家族に降りかかるストレス図の最新版はマクゴールドリックら（2011, p.8）を参照のこと。日本語では、旧版が平木・中釜（2006）p.31に載っている。
McGoldrick, M., Carter, B., & Garcia-Preto, N. (Eds.) 2011 *The expanded family life cycle: Individual, family, and social perspectives.* (4th Ed.). Boston: Allyn & Bacon.

[10] ジェノグラムを作成するなかで、今の家族を形成するまでの歴史を聞き取りながら、その歴史のなかで今の問題がどうかたちづくられてきたのか、家族にとってどういう意味があったのかを振り返っていく。また、ある家族メンバーの歴史を他の家族メンバーが聞き取ることにより、その人への理解が深まっ

よりよく理解できるようになるのである。

【システム間の相互作用を描く】家族を上位システム、個人を下位システムとして置くことで、システム間の相互作用を描くことができると考えられる。システム間の相互作用を描こうとする試みはまだ寡少であり、今後の発展が待たれる分野と言える。

たとえば、一人の家族成員をＴＥＭ図上の中心として表し、家族成員数分の複線の関係を家族システムの動きととらえる方法が考えられる。それぞれの感情の動きを追うこともできるだろうし、家族面接場面でのそれぞれの動きを可視化するのにも役立つだろう。そして、発生の三層モデル（ＴＬＭＧ）の考え方をシステム間の相互作用に応用して描くという可能性もある。第3層（価値観・ビリーフ）を家族の動き、第1層（出来事）を個人の動きとして置き、第2層（記号発生）を「分岐が発生するポイント」と読み直すことで、個人の動き、家族の動きのなかの何が分岐点となり、それが個人と家族それぞれにどう影響するのかを考える視点が得られる。また、現在は個人を対象とした家族療法[13]も行われるようになっている。面接のなかで個人からみえる家族のあり方をＴＥＭ図として描くことで理解が進むこともあるだろうし、個人を中心に描きつつ家族の動きをＳＤやＳＧとして図示することで、家族の与える影響をより理解できる可能性もある。家族療法と個人療法をどのようにつなぐかを考える際に、ＴＥＡによってシステム間の相互作用を可視化することは有用と言えるだろう。

〔曽山いづみ〕

たり、問題の位置づけが変わっていくことも期待されている。

[11] バーカー 1993 前掲書

[12] なりたい未来について尋ねることは、家族療法では、「ミラクルクエスチョン」などのさまざまな技法で多用されている。

[13] 最近では家族が一堂に会して行う家族療法だけでなく、個人を対象とした心理療法において家族の問題を取り扱おうとする、個人を対象とした家族療法も積極的に行われるようになってきている（中釜 2010）。
中釜洋子 2010『個人療法と家族療法をつなぐ――関係系志向の実践的統合』東京大学出版会

■参考書

平木典子・中釜洋子 2006『家族の心理――家族への理解を深めるために』サイエンス社

5-3 応用行動分析学とＴＥＡ

人を理解する枠組みとして

■応用行動分析学とＴＥＡ――その共通性「環境との相互作用」「プロセスの可視化」

応用行動分析学[1]（Applied Behavior Analysis）は、アメリカの心理学者であるスキナーが打ち立てた「行動分析学」の一領域である。この学問の根源的な問いは、「なぜ個体（人を含む）はそのように行動するのか?」であり、この問いに答えられたときが「行動が分析できたとき」である。スキナーによれば、ある人の「今現在の振る舞い（行動）」は３つのレベルで規定されている（図５-６）[2]。図５-６によれば、第二のレベル（行動結果による淘汰）は、その人が生まれてからこれまでの環境との相互作用の履歴（history）[3]によって規定される部分である。一方、ＴＥＡは、その基本理念もしくは特徴のひとつが「人間を開放システムとして捉え」、その「システムが置かれた個別の特定な環境と交換を行う[4]」ことである。後者の考え方は、行動分析学の「個体（人間）がその曝された環境と相互作用（交換）を行う」という基本的な考え方と非常によく似ている。

また、行動分析学では、環境が行動にどのように影響を及ぼしているかを明らかに

[1]英語の頭文字をとって「ＡＢＡ」と呼ばれることも多い。最近は、学問分野であることを明確にするために訳語には「応用行動分析学」と「学」をつけるのが学会のトレンドである。これに倣い、「行動分析」も「行動分析学」とする。

[2]出典は、ウィリアム・Ｔ・オドノヒューら／佐久間徹（監訳）2005『スキナーの心理学――応用行動分析学（ＡＢＡ）の誕生』二瓶社。行動分析学は、遺伝的要因を無視していると言われるが、この図はそれが誤解であることを示している。

[3]この環境には人の刺激（人との相互作用）も含まれる。シドニー・Ｗ・ビジューら／山口薫・東正（訳）1972『子どもの発達におけるオペラント行動』p.12. ここでは、B=f (S)という式で示されている。Ｂは行動、Ｓは刺激、すなわち環境を示す。この式は、行動は環境の関数であるということを意味する。

するために**単一事例実験計画法**（Single Case Design：**SCD**）というデザインが開発されている（図5－7のグラフは一例[5]）。SCDでは、実験者の何らかの環境操作が独立変数とされ、グラフの横軸では「時間の流れ」を、縦軸では従属変数としての行動量を示すことで、最終的には環境操作に伴う「ある行動の変化」のプロセスを可視化する。すなわち個人のある行動の変動（従属変数に相当）を時間経過でみていくとき、何も指導介入をしていない時期（独立変数に相当）をベースラインとし、指導介入を開始して行動量がベースラインから変動すれば、その指導は効果があった、つまりその行動に作用したと判定する。このようにSCDでは個体の行動の変動を取り扱う、時間のプロセスを可視化するという点

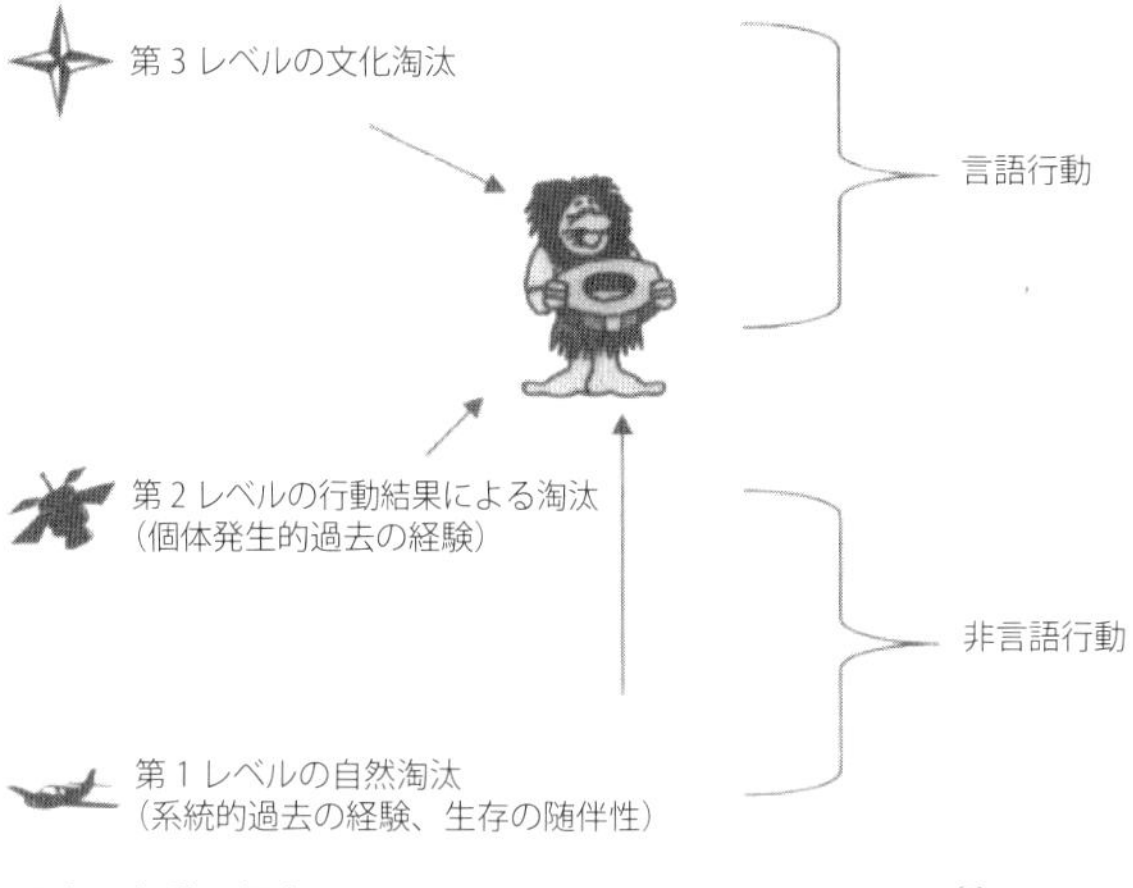

図5-6　現在の行動を規定する３つのレベル（オドノヒューら, 2005[2], p. 197）

[4]安田裕子・サトウタツヤ（編著）2012『TEMでわかる人生の径路――質的研究の新展開』誠信書房 p.234.

[5]出典は、大久保賢一・福永顕・井上雅彦 2007「通常学級に在籍する発達障害児の他害的行動に対する行動支援――対象児に対する個別的支援と校内支援体制の構築に関する検討」『特殊教育学研究』45(1), 35-48.

で、「非可逆的な時間の流れ」を横軸にもつ、ＴＥＡにおけるＴＥＭと共通の切り口をもっている。[6]

■臨床家の視点からのＴＥＡと応用行動分析学——両者を組み合わせる試み

個々の子どもやクライアントに向き合う臨床家にとっては、このような個人の時間の流れを取り扱うことのできる研究方法として、応用行動分析学のＳＣＤもＴＥＡにおけるＴＥＭも、非常に魅力的な方法論である。[7]

通常、ＳＣＤでは、対象となる個人のターゲットとなる行動に及ぼす臨床家側の何らかの指導介入の効果をみていくわけである。しかし、ＡＢＡの理論に基づいた指導を行うという文脈のなかであっても、なぜある特定の行動をターゲットに選んだのか、なぜある特定の介入方法を選んだのかというＡＢＡの臨床家の「選択行動」については、学術論文で詳細に描かれることは稀である。[8]

一方、ＴＥＭは質的研究法として発展してきたという経緯のなかで、非可逆的な時間の流れを横軸に描き、ある個人が

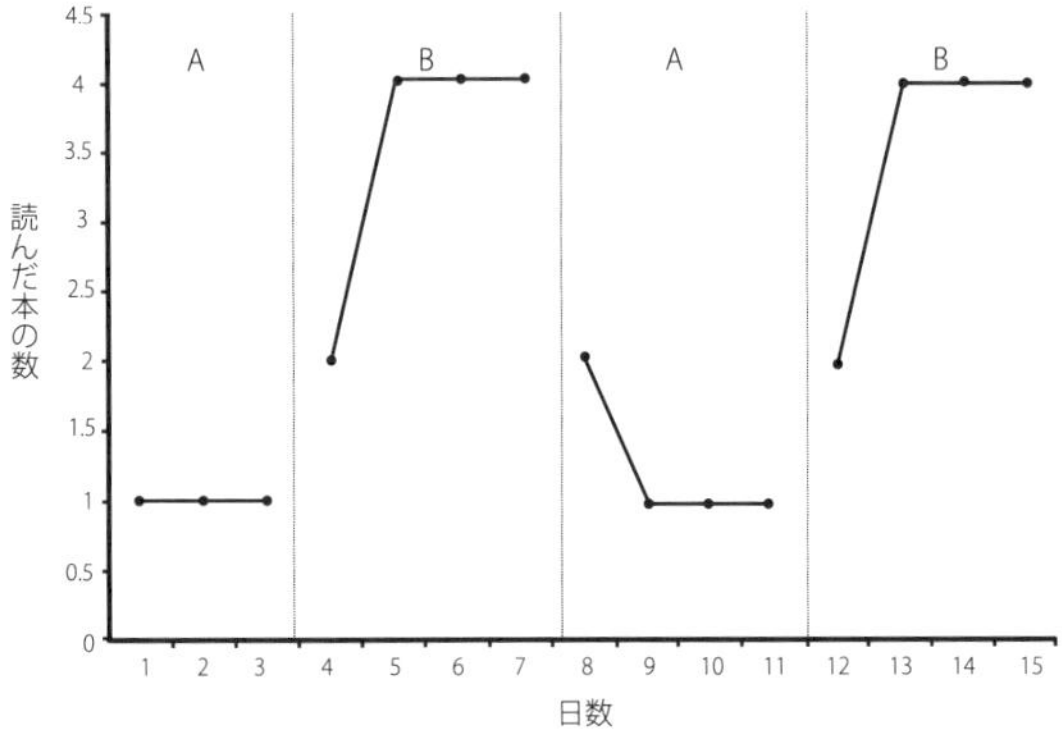

図５-７　ABAB デザイン（オドノヒューら, 2005,[2] p. 86）

Ｂ期で介入を導入するとパフォーマンスが上昇し、２度目のＡ期で介入を取り除くと、パフォーマンスが下降する。２度目のＢ期で介入が再導入されると、パフォーマンスが再上昇する。最初と２度目のＡ期Ｂ期にそれぞれ下付きの１と２を付し、A_1、B_1、A_2、B_2、と表記される。
［補足］:ABAB デザインはSCD のひとつのタイプ。A はベースラインを、B は指導介入期を示す。

さまざまな「分岐点」を経ながら人生を歩んでいる様を描き出す。この分岐点は、現実に選んだ道のりと選ばなかったが存在したであろう道のりとの分かれ道、すなわちどちらの道に進むかという「選択のポイント」と捉えることができよう。前述したように、臨床家がいくつも考えられうる介入方法から実際にどれを用いるかという行動もひとつの選択とみなすと、この**選択**という分岐点に至るプロセスとその後のプロセスを、TEMで描き出すことができるのではないかという発想に至った。臨床家側の介入方法の選択行動を示すTEMと、時間軸を同じくしたクライアント側の行動変容を示すSCDのグラフを並列してみることで、「時間プロセス並行法」とでも言うべき新しい臨床研究法が構築されるのではないだろうか[9]。

■共通にみられる基本概念――「随伴性」と「偶有性」

TEAと行動分析学にはもうひとつの大きな共通概念がある。それは、**随伴性**(contingency)である。おそら

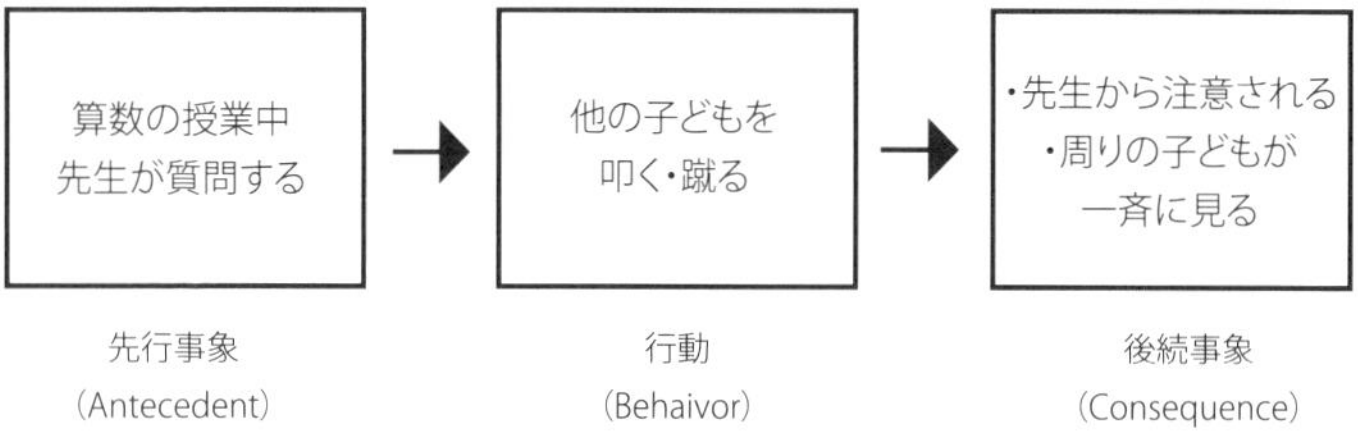

図5-8　ABC フレームによる行動の理解

[6]本項では、「行動」としているものは、正確には「オペラント行動」である。行動にはもうひとつ「レスポンデント行動」と呼ばれるものがある。(レイノルズ、G・S/浅野俊夫(訳)1978『オペラント心理学入門――行動分析への道』サイエンス社、など参照。)

[7]事実、応用行動分析学を専門とする筆者がTEMに魅かれたキーワードは「時間を捨象しない」であった。

[8]この「どのようにしてターゲット行動を選ぶのか」について、指導を実際に行う視点から解説したものに、三田地真実・岡村章司 2009『子育てに活かすABAハンドブック――応用行動分析学の基礎からサポートネットワークづくりまで』日本文化科学社、がある。

[9]TEAとABAの両方を用いた臨床事例は、現在進行中である(田代裕一朗 2014「乳幼児期の吃音についての保護者支援に関する検討――TEMと単

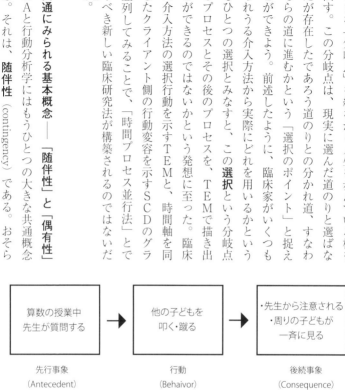

くスキナーの最も大きな貢献のひとつは、行動は心のなかで起きている何か（これは、一般には「意識」と呼ばれることが多い）によってではなく、行動の「直後に」起きている事象によって制御されているとし、その後のその行動の生起頻度が大きく影響されるタイプの行動を取り上げ、それに「オペラント」という名称を与え、これまでの刺激によって誘発されたレスポンデントと区別したことであろう。この理論フレームは、行動を分析する際に**三項随伴性**（Three-Term Contingency）として整理されている。応用行動分析学では**ＡＢＣフレーム**、**ＡＢＣ分析**と実用的なかたちに意訳されて用いられているものである（図５－８）[10]。ＡＢＣフレームで子どもの行動を理解し始めると、行動の「前に起きている事象」にだけ目を向けるのは、日常的直観に基づくアプローチであり、本質的改善に至らないことに気づく。

　行動分析学における「随伴性」の意味するところは、最もシンプルに言えば「ある事象Ｂは別の事象Ａが生起したときにだけ生起するということを述べた規則[11]」である。つまりある事象Ａにある事象Ｂが随伴したということである。ここである事象Ａが行動で、ある事象Ｂが環境であった場合、このような随伴性があったときに行動の生起頻度が高くなったり低くなったりすることを**強化随伴性**（contingency of reinforcement）と言う。行動の後に起きた事象で行動の生起頻度が変化するという「強化の原理」は、指導場面では意図的に使われるが、強化の原理は私たちのどのような行動にも効果をもっている。たとえば、なぜお菓子を食べるのか、それは「お菓子が

一事例実験計画法を用いた臨床事例を通して」星槎大学修士論文アウトライン発表会資料（指導：三田地真実））。この点に筆者自身がこだわっているのは、経験ある臨床家がどのように介入方法を選択しているのか、その選択基準を他の臨床家と共有したいと考えているからである。

[10] ＡＢＣフレーム、ＡＢＣ分析などのＡＢＣは、Ａ＝Antecedent（先行事象、先行刺激、先行子）、Ｂ＝Behavior（行動）、Ｃ＝Consequence（後続事象、結果事象、結果）の頭文字をとってＡＢＣとなっている。

[11] ジェームズ・Ｅ・メイザー／磯博行・坂上貴之・川合伸幸（訳）2008『メイザーの学習と行動　第３版』二瓶社 p.130.

食べたい」からではなく、「お菓子を食べる行動が強化されているから」である。これが行動分析学的な理解の仕方である。人びとは日々さまざまな環境に曝されているが、その環境のどれが行動に影響を及ぼすか、つまり強化随伴性の関係になるかどうかは、種によって、そして同じ種でも個体によって、異なってくる。[12]

一方、ＴＥＡにおける**偶有性**とは、「ある特定の時空において——まさに他でもありえたにもかかわらず——経験した何か、である」[13]。これは言い換えれば、「偶然であるように思えるが、しかしながら、ある種の必然性を伴っている」ということである。この「経験した何か」という意味を行動分析学の視点で翻訳を試みると、「偶然起きたようにみえるが、人間の行動に対して何かの効果をもっているある事象に曝された」と読み解くことはできないだろうか。「ある種の必然」とは「個人に対する影響」であるからこそ、その偶然起きたようにみえる事象がその個人に影響を及ぼす、すなわち行動に変化をもたらすと言える。これはＴＥＡの**ラプチャー**（rupture：突発的出来事）という概念ツールとなってさらに明確化している。このようにみてくると、ＴＥＡにおける偶有性とは、行動分析学における強化随伴性に近い概念ではないかと思われる。

■ABAとTEAの投げかける「問い」——TLMGは「私的事象」なのか？

通常、応用行動分析学では目に見える行動を機能的に定義し、測定可能な行動量の増減を観察するという意味から、量的研究に分類されている。[14] この考え方に基づけば、

[12]三項随伴性の最初の一項は、弁別刺激であり、これは行動の前に先行する事象を指す。ある事象が弁別刺激として機能するためには、その刺激のもとで行動が強化されたり弱化されたりする経験をもたなければならない。生まれつき先行刺激が行動の生起に影響を及ぼしているというのは反射行動（無条件性レスポンデント行動）のみである。

[13]安田・サトウ 2012 前掲書 p.241.

[14]行動分析学と質的研究の関係性について丁寧に整理した論考がいくつかある。たとえば次の研究を参照。
武藤崇 2001「行動分析学と『質的分析』（現状の課題）」『立命館人間科学研究』2, 33-42.
長谷川芳典 2003「スキナー以後の行動分析学（12）行動分析と質的研究」『岡山大学文学部紀要』39, 49-66.

行動分析学は発生の三層モデル（TLMG）にみられるような「内的な価値の変容」の記述という質的な研究法とは大きく異なる。

しかし、元々の行動分析学（あるいはスキナー自身）が往々にして非難され、正しく理解されていないと思われる代表的な点のひとつが、この「内的価値」やそれらへの「意識経験、心的状態」を無視しているということである。スキナーは、「意識経験、心的状態」というのは、実は「行動」であり、それゆえ目に見える行動と同じ原理に基づくと考え、そうした誤解を完全に否定してきた[15]。

スキナーによれば、このような「意識経験」、さらには「考える」「感じる」といった行動は、まさにその行動をとっている本人のみがその行動の観察者であるという、「私的事象（private event）」なのである。本項を書き進めていく「プロセス」で、筆者自身に初めて「TLMGは私的事象として取り扱うべきなのだろうか?」という問いが浮かんだ。おそらく、この問いは、言語行動（verbal behavior）[16]の問題と切っても切り離せないと思われる。なぜならば、TEAのインタビューで「内的価値の変容」として研究者が確認することができるのは、インタビューされる招待者が「語る」ことによってのみであり、このような「語る」という行為は行動分析学では「言語行動」として捉えられているからである。この点については今後の課題として考察を進めていきたい。

〔三田地真実〕

[15] Skinner, B. F. 1974 *About behaviorism*. Vintage Books Edition では、行動分析学の20の誤解について解説しており、頁の多くがこの「私的事象」に割かれている。

[16] Skinner, B. F. 1957 *Verbal behavior*. B.F. Skinner Foundation. この「verbal behavior」を「言語行動」と訳すことが適切かどうかについては、筆者はさらなる議論が必要と考えている。

■参考書
ウィリアム・T・オドノヒュー、カイル・E・ファーガソン／佐久間徹（監訳）2005『スキナーの心理学――応用行動分析学（ABA）の誕生』二瓶社

5-4

「未完の未来」を創造する媒介物

「異時間のゾーン」と活動理論（その1）

従来の主流派心理学では、概ね学習・発達ないし時間を次のように扱ってきた。

1　学習や発達とは、個人の内的精神の変化である。

2　ゴールや結果（未来）は決定している。

3　時間は単一ないし単層的で均一である。

1で言えば、個人が知識やスキルを身体内に取り込んだり、より高度な知的レベルに移行していく過程を学習や発達として捉えてきた。2で言えば、研究者や指導者や大人があらかじめ向かうべき到達点や目標を定め、その達成状況を彼らが用意した枠組み（テストなど）で測定するようなアプローチがしばしば採られてきた。3で言えば、反応時間や年齢や時間経過による変化の推移に代表される物理的な均一の時間や、個人内の未来や過去への展望のような時間を採用してきた。

これに対し、マルクスやヴィゴーツキーの思想に強い影響を受けて発展する活動理論を基盤にTEAを展開するならば、発達ないし時間とは次のようになるだろう。

A　発達とは、社会的文脈を生み出していくことであり関係性の変化である。

B　根源的に、ゴールや結果は未決定ないし未完である。
C　異質な複数の歴史的時間が重層的に交差し合うダイナミックな過程が発達である。
D　活動理論は、主流派の1〜3を排除するのではなく、むしろ社会的実践により構成される生産物であるとし（て包摂しつつも）、これに揺さぶりをかけ、再創造する。

以上について、本項のその1、次項のその2に分けて、解説していこう。

■未来をつくる媒介と創造

人間は、言語や物的道具といった**人工物**を用いて（媒介して）生活している。人工物は、自らの未来を方向づけるが、逆に制約もする。ペンという人工物を持つことで、これから「モノを書く」という未来の行為が開かれ、紙はこれから文字が記される対象として見えてくる。しかし、ハサミを持てば、今度は同じ紙でも、これから切る対象として見えてくるし、自分のその先の行為はそれに即したものが通常は現れるだろう[1]。そして、私たちは、「そのようなものとして」媒介物を扱うやり方を、文化的共同体への参加を通して学んでいる。ペンはモノを刺す道具としても使えないことはないが、私たちの文化ではそのように扱うのはイレギュラーだと共同体への参加の過程で学んでいる。この意味で媒介行為は社会文化的なルールや秩序とも切り離せない。さらに、ペンを媒介することで出現する未来は単一ではない。どういう文章や絵をど

[1] ハサミを持つ前の「紙を切ろう」という意思自体、ハサミという人工物の存在と切り離せない。また、後述するように、ハサミ自体は、人間の「物を切断したい」という欲望が物象化されたもの（歴史的に創造されたもの）である。

う書くかは、その主体と媒介物の結びつき方や、後述の「文脈」により相違してくる。つまり、ペンを用いてどういう結果が現れてくるか、どういう未来を展望するかには、その道具の制約を受けつつも多様な選択肢（**多重の未来の可能性**）がある。

言葉も同様に、自分がどう世界に関わるかという未来を方向づけ制約する。「TEA」という人工的な概念を知り、それを媒介することで、インタビューデータは、複数の径路のモデル図として可視化していく対象として見えてくるし、それを遂行する未来の自分の活動が現れていく。しかし、同じインタビューデータでも、別の概念や方法論を媒介すると、別の活動が現れうる。

このように、媒介物は、主体の世界（対象）に対する見え方や、主体がどうこれから行為していくかの未来を方向づける。

ただし、私たちは既存の人工物に従属するだけでなく、それに抵抗したり反逆したりつくり変えたりすることができる。ペンや鉛筆による文字化は、情報の加工や共有に限界を抱える。これらは、パソコンやICT（情報通信技術）という新しい人工物を創造することで克服された。そうして、また創造されたそれらを媒介することで、wikipediaのような集合知の生成など、新しい行為や活動が出現する。「鈴木さん、明日までに資料作ってメールで送りますね」という未来の自分の行為や、他者や環境に対する見え方は、こうした人工物の創造および媒介と切り離せない。既存の概念を乗り越える、新しい心理学の概念を提案するというのも、新たな未来の研究者の行為や活動の生産につながる。私たちは、多種多様な人工物を創造し媒介することで、それに及ばない動物よりも、はるかに多くの種類の未来（の選択肢や展望）を生み出すことができる。**新しい人工物の創造とは、新しい未来づくりである。**

■文脈の変移と発達

さらに、人は特定の「社会的文脈ないし文化‐歴史的活動」のなかで、人工物を媒介する。たとえば、子どもがお絵かき遊びをする文脈でサインペンを媒介するのと、お勉強の文脈でテキストにマーキングするのにペンを媒介するのとでは、現れる具体的行為は異なるし、周囲の他者や紙などの環境がどう見えるか、これからそれらに対してどう振る舞うかという未来の見えや諸行為は異なるだろう。文脈が媒介行為を方向づけ制約するのである。

他方、逆に一つひとつの行為を通して、文脈は形成されていく。絵を描いている子どもに、「シンジ君上手だねえ」と大人が言い、子どもがさらに絵を調子よく描いていく、というように、一つひとつの行為が連続していくことで、お絵かきの文脈は形成され維持される。しかし、大人がいない時に、友達のマキちゃんが、「何その絵〜、こうやった方が絶対いい！」と言い、シンジの描いていた絵の上に、別の色ペンを使ってぐちゃぐちゃと描き始めた。すると、シンジが怒り始め、喧嘩が起きた。こうして、お絵かきの文脈から、喧嘩の文脈へと変化が生じた。さらにその後、大人が戻り、ふたりを叱り反省させて仲直りさせる、という教育の文脈が現れた[2]。「一つひとつのそのつどの具体的な（媒介）行為を通して文脈が形成される」というのは、このように新たな種類の行為を通して、別の文脈への変化（文脈それ自体の発達）も起きる、ということなのである。この時、遊びの対象や道具だった紙やペンが、喧嘩の文脈では怒りや嫌がらせの道具や対象として変化している。文脈の変化は、媒介物や対象の位置取りや意味の変化と切り離せないのである。

文脈の変移は一直線ではない。仮に、シンジがマキのおせっかいに対し、うふふと笑い始め、一緒になってぐちゃぐちゃと上から絵を描き始めたとすれば、「共同でのお絵描き遊び」という文脈への発達が起き、「個人の絵」から「共同の絵」という新たなプロダクトやその意味が現れ、互いの関係が少なからず変化する。文脈の分化もまた、媒介された相互行為を通してそのつど生起していく。

まとめよう。第一に、未来展望とは媒介された行為であり、人工物を介することは、対象に対する未来の見えや自らの行為を方向づけ制約する。第二に、人は、既存の人工物に従属するだけでなく、つくり変えることで、新しい未来のそれらを生み出す。人が新たな人工物を創造するということは、新しい自らの未来を創造することである。いかなる人工物が創造されるかは、厳密には予測が不可能である。つまり、人間の未来は根源的に未完である。第三に、人工物がどのように媒介されるかは、いかなる文脈を構成していくかという問題と切り離せない。文脈は不変ではなく、具体的な媒介

[2] 次の研究を参照。文脈や活動の移行について分析、議論している。

Van Oers, B. 1998 From context to contextualizing. *Learning and Instruction*, 8(6), 473-488.

朴東燮 2011「社会・文化・状況」茂呂雄二・田島充士・城間祥子（編）『社会と文化の心理学――ヴィゴツキーに学ぶ』世界思想社

行為を通してそれ自体も変化し発達していく。この時、相手がどう動くかは完全にはコントロールできず、自分の行為は半ば相手のその後の行為を制約するが、半ば相手に反応をゆだね、相手がどう動くか完全な予測は不可能である。それを互いに応酬していくこと、つまり、不可知な未来という要素が必ず含まれる、即興的相互行為の連鎖を通して、文脈の維持や変化が起きる。この意味でも、未来は未完である。

発達とは個人の過程であるとか、学習とは特定の決まった到達点やゴールに向かうことだとする、いわば常識的な見方から離れる必要がある[3]。これに対し、マルクスやヴィゴーツキーの思想に基づく活動理論では、人間が、人工物を創造したり、環境をつくり変えたりすることで、新しい主体の存在を、主体の未来の行為を生み出し続けていく過程を学習発達とみなす。前者の個体主義的な発達観は、学校教育や産業活動や日常実践のなかで、社会的に構成し維持している教育言説のひとつである。活動理論からすれば、それ自体がひとつの人工物であり、つくり変えることが可能な対象である。

[3] まったく同様のプランを実施した授業でさえ、ミクロなレベルでは毎回異なる出来事が起きているはずである。それは可視的になりにくい点だが、そうした差異や未決定性が可視的に、ないし前景化しないよう、参加者が無意図的なものも含めて、場ややりとりをデザインしている。

■道具と結果

固定されない発達の未来を論じているロイス・ホルツマン[4]の研究を取り上げよう。

彼女は、発達を、**結果のための道具**（tool for result）としてではなく、**道具と結果**（tool and result）の過程として捉えるべきだと主張する。「結果のための道具」は、目指す

[4] Holzman, L. 2009 *Vygotsky at work and play*. London & New York: Routledge.（茂呂雄二（訳）2014『遊ぶヴィゴツキー——生成の心理学へ』新曜社）

べき結果や解決すべき問題、つまり志向対象があらかじめ固定され、それに合わせて道具をデザインするような問題解決型の発達観を指す。たとえば、ADHDといわれている子どもの解決すべき問題やゴール、すなわち結果（たとえば落ち着いて授業を受けられるようになること）があらかじめ決まっており、その結果を導くための手段（道具）――コミュニケーションスキルであったりそれを訓練する方法だったり――をそろえていくというやり方である。

これに対し、後者の「道具と結果」は、道具と結果を同時に生産していく活動を指す。「落ち着いて授業を受けられる子ども」という結果（未来の主体）を上から定めるようなことはせず、いかなる結果が現れるかをオープンに捉える。このコンセプトに基づく実践では、たとえば、当事者の子どもや大人が混じったグループをつくり、アスペルガー症候群という概念の前提自体を積極的に崩す対話を展開して、オルタナティヴな、その集団独自の概念（たとえば、〝みんなが好きなハンバーガ症候群〟）を創造する。概念だけでなくグループそのものも変化発達していく。すなわち、子ども自らが変化の担い手（道具）となり、グループ環境（発達のための道具）を形成しながら、当初誰も予期していなかった出来事や新しい主体、つまり発達（結果）が創造されていく。道具も結果も予定調和的に用意されたり出現したりするのではなく、そのつどの相互行為を通して、互いに分離不能なかたちで同時に生み出されていくのである。

ホルツマンは、ゴール（結果）があらかじめ決まった発達観を、非創造的で個体主義的だと批判する。その代わりに、主体も道具もあらかじめ決定・固定することなく、むしろグループで既存のそれらを崩し、つくり変えていく、創造的な発達観を提案する。発達とは「新しい自分を創造すること」であり、そのことは新しいツールやルール、出来事、そしてグループの持続的創造と切り離せないのである。

以上の議論は、TEAが抱える矛盾として言い換えられる。TEAは、等至点（結果）を決定することから始めるサンプリングをすることで、分析手続き上の（特に質的研究初心者にとっての）馴染みやすさやわかりやすく可視化可能な径路を手に入れた反面、森[5]も主張するように、発達の未決定性や創造性を捨象するリスクを抱えている。つまり、未来は根源的に未決定なのにもかかわらず、未来をあらかじめ決定したうえで調査が進められ、逆行的に径路が描かれていくという矛盾である。ただし、こうした矛盾は、私はTEAの限界を示すものではなく、むしろ、TEAを発達させる原動力であると解釈したい。

では、この矛盾をどう乗り越えTEAを発達させていけばよいだろうか。次項のその2では、突破口のひとつとして「異質な時間が生み出すゾーン」を提案する。この概念は、TEAにおける「分岐点」をある意味で180度反転することを意味する。

〔香川秀太〕

[5] 森直久 2009「回顧型／前向型TEM研究の区別と方法論的問題」サトウタツヤ（編著）『TEMではじめる質的研究――時間とプロセスを扱う研究をめざして』(pp.153-157) 誠信書房

■参考書
ホルツマン、L／茂呂雄二（訳）2014『遊ぶヴィゴツキー――生成の心理学へ』新曜社

5-5 分岐を「交差」として捉え直す

「異時間のゾーン」と活動理論（その2）

■異質時間の混交

TEAの「発達の分岐点」とは、そもそもどういうものと捉えればよいだろうか。それは、いかにして現れる（発生していく）のだろうか。それらの問いに対するここでの提案が、**異質な時間の混交＝異時間混交**[1]であり、前項その1で指摘した矛盾のブレイクスルーを起こす視点になりえるものと考える。具体例を示して説明したい。

取り上げる事例は、関西の病院で筆者らが実施している実践研究のデータである。[2]この病院では、当初、上層部主導で新人看護師教育の方法を考え、それを実施していたが、新たに、普段別々の場で働く違う部署の看護師が、その境界を越えて集まり、当事者ならではの問題意識やアイデアを生かして、現場主導で新しい新人教育システムを創造していく越境的対話プロジェクトが、外部の私たち研究者のファシリテーションのもとデザインされた。[3]次の対話は、2回目の会の際のシーケンスである。過去に実施した各々のプログラムの課題やよかった点を整理しながら、OJT研修[4]の方法に関する、これまでにない、独自の新たなアイデアがまさに創造されつつあったと

[1] 次の研究も参照されたい。
香川秀太 2009「異種の時間が交差する発達——発達時間論の新展開へ向けて」サトウタツヤ（編著）『TEMではじめる質的研究——時間とプロセスを扱う研究をめざして』(pp.157-175) 誠信書房
香川秀太 2012「看護学生の越境と葛藤に伴う教科書の「第三の意味」の発達——学内学習・臨地実習間の緊張関係への状況論的アプローチ」『教育心理学研究』*60*(2), 167-185.

[2] 澁谷幸（神戸市看護大学）・山本直美（千里金蘭大学）・三谷理恵（神戸大学）・中岡亜希子（大阪府立大学）・田中亮子（大阪医療看護専門学校）・南部由江（神戸常盤大学）との共同研究。

[3] 会は2か月に1回のペースで年に計十数回行われ、付箋やシート、ペンや種々の資料などの道具が使用された。

きの対話である（Fはファシリテータ／研究者、Nは看護師、（　）は筆者による補足）。

①F：いかがでしょう、進めていくとしたら新しい方式で具体的にやっていくか、詰めてつくっていくか、それとも過去に（実施した）1週間か2週間というかたちでやっていくかで考えると、いかがでしょうかね、次年度。

②N3：新しいものをやってみたいなという感じがします。試してみないとわからない。《新案の選択（教育現場の未来）＆新案の練り上げ（対話の場の未来）》

③N1：苦労がみえるから嫌やわ。…毎度毎度、毎年毎年変わることが何分《なにぶん》大きいので、何から何まで全部一からなんですよ。《繰り返したくない経験としての過去》それを何年もやってきてる人間にしたら、新しいものを取り入れる怖さがすごくあります。《新案の不実施ないし古案の継続（教育現場の未来）＆別案の話し合い（対話の場の未来）》

④F：それはそうでしょうね。…ただ、いろいろ経験して、これだけメリット、デメリットがあってという知識を蓄積してるということは全然無駄なことでは、むしろないとは思うんですけれども。それをふまえて今の提案ということだとは思うので、ただ、むしろそういうので。《創造につながる資源としての過去》

①は、これまでの対話プロジェクトのやりとりをふまえて、どういった現場の未

[4]新人看護師が講義・演習形式での研修を受けた後、実際の病棟に出て患者相手に看護を実践していくより実践的な研修のこと。

来を選択するかを問う発話である。これに対し、②は新案の実施を主張している。これは、今後、対話の場で新案の具体化を進めていくべきだという、「対話の文脈」における未来の選択である。それと同時に、新案を実施することで変化が現れる、未来の「新人教育現場の文脈」における選択でもある。しかし、③は、新しいものを取り入れることの負担や面倒さを主張し、この未来選択に抵抗している。さらに、③での新案への抵抗は、それまで、毎年新しい教育プランが示されたことが負担になっていたことの表明でもある。つまり未来だけでなく、現場の過去を、〝繰り返したくない経験〟としてネガティヴに意味づけている。これに対し、④では、むしろ苦労も含めた過去の経験は組織固有の知識の蓄積として重要であり、それらがあるからこそ、今回の新しいアイデアが現れたのではないかと、過去の現場の歴史性を、〝創造につながる資源〟としてよりポジティブな意味を付与しようとしている。

この素朴なやりとりは次のことを示している。第一に、②と③のやりとりにみられるように、異なる未来展望ないし未来の選択が生じ、**未来選択のせめぎ合いないし葛藤**が起きている。同様に、③と④の間にみられるように、過去の歴史性に対してもまた、異なる意味付与が衝突している。ただし、これもまた、過去だけではなく、これから新案を実施する方向で進めるか否かという、未来選択に関わる、未来に開かれたせめぎあいでもある。このように、複数の時間展望（展望のズレ）が生じ、それらが交差、衝突し、互いを揺さぶりあっている。言い換えれば、声と声の間で**歴史（時間）**

発達のゾーンが形成されている。異なる未来選択、過去への意味付与の間で、矛盾が生じる。すなわち、分岐点とは、単に別方向の線に枝分かれしていく地「点」というよりもむしろ、異なる過去や未来の声が交差・葛藤・衝突し形成する「異質時間のゾーン」であり、その捻《ね》じれが生むスパークこそ、発達の原動力と言えないだろうか。

第二に、この対話はあくまで日頃の患者への看護実践や新人教育現場とは別の、話し合いを中心とした対話の場の文脈内にある。しかし、この対話は会の文脈のみ形成する単層的な活動ではなく、同時に現場の過去を通して現在を振り返り、現場の未来をかたちづくるという、「現場の文脈」の歴史性も同時に生み出す。つまり、少なくとも2つの文脈の歴史性が交差した**重層的な歴史的活動**である。現場文脈の未来を変えるかもしれないという制約が、この対話文脈の歴史形成に大いに関与している。他方、現場から離れた対話の文脈だからこそ、現場にはない発話や実験的なアイデアが現れやすくなる。「対話の場で新しいアイデアが現れたが、いざ現場でそれを実施していくべきか否か」という未来葛藤は、異なる歴史的文脈（集合的活動）の間のテンションである。このように、現場の文脈の歴史性と対話の文脈の歴史性の間でも、ズレや捻じれのテンションが、すなわち**歴史発達のゾーン**が形成されている。

第三に、やはりここでも未来やゴールは未決定である。どんなアイデアが出るか私たちも参加者もまったく予想していなかったし、②の方向に進むか、③の方向に進むかはこの時点で不明であった（その後大筋は②の方向で進んだが、常に③に片足を突っ込んでもいた）。時間展望を含む歴史性は固定することなく、互いにズレ、ぶつかり、揺さぶりあう。過ぎ去った過去でさえ同様に、そのつど、付与される意味は変わり、ズレが生じ、動揺が起こる。対話者は、未決定の不安定な未来をさまようのである。

こうした過程を通して、参加者たちは、それまで知恵や問題意識を個々にとどめていたり、過去実施したことのある方法のなかから方針を選ぼうとする主体から（この事例以前のやりとりではしばらくこうした行為が続いていた）、自分たちが経験したことのない新たなアイデアを協働で創造し実施していく主体として変化していく。それは単に個人の変化ではなく、ファシリテータ含めたこの対話集団全体の発達でもある。

以上から、選択や発達の**分岐**とは、別方向に道が分離していく点や線ではなく、異質な時間の交差（ゾーン）であり、このゾーンこそ**変化発達の原動力**である。すると、逆説的だが、**「分岐」とは、むしろ「交差」となる**。これは分岐「点」での出来事に限定されず、分岐したのちに描かれる道筋でも同様である。つまり**仮に片方の方向に進んだようにみえる時でさえ、なおそれに反する道筋とのテンションから完全に逃れているわけではない**。むしろ常にテンショナルなゾーンが形成されているとみなさなければならない。違いがあるとするなら、目に見えるかたちでテンションが前景化するか、逆に潜在的なものとして背景化するかの違いだろう。異時間のゾーンは、ある時はテンションが主要化するが、別の時には副次化するというように、ダイナミックに運動する。

いかなる異質時間が、各々のローカルな活動においてどのように交差・葛藤し、その過程で何がどう変化していくか、この複雑な運動を見据えることが、未完のゴール・結果が生起していくプロセスを理解することにつながっていくのではなかろうか。

■「回顧型（インタビュー）か前向型（観察）か」論を脱して

ではTEMとして表現されるモデル図はどういうものだろうか。結論から言えば、むろんこれは構成された人工物である。複雑で即興的な媒介行為を、あとで振り返り、意味付与し、多くの微細な事柄をそぎ落として抽象化した人工物である。この時、観察研究による、現実の対話や相互行為の分析（論文）もまた、のちにデータを眺め事・後・的に構成するストーリーであることを忘れてはならない。特定の問いを立て、それに該当しない大量の複雑なデータの多くをそぎ落として、ポイントとなるデータのみをピックアップし、論文という〝学術的ストーリー〟をデザインする点はまったく変わりない。また先の事例でみたように、観察される前向的な対話においても、過去の歴史に対する回顧的な意味付与が頻繁に生じる。そして回顧とは、「未来と断絶した過去」ではなく、むしろ未来と密接につながった「未来に開かれた過去」である。[5]

インタビューと観察の違いを過小評価するつもりはない。インタビューと観察とで、可視／不可視になるものは確かに異なる。しかし、私たちは、「インタビュー＝回顧的」で、「観察＝非回顧的で現実的だ（からより優れている）」、という二元論に無省察に陥

[5] これは回顧型といわれるインタビューでも実は同様である。

りすぎないよう注意する必要があるのではなかろうか。違いがあるならむしろ、過去や未来とのつながり方が相違すると言うべきではないだろうか[6]。

以上の議論と提案は、前項であげたＴＥＡが抱える矛盾を、「異時間が形成する発達の原動力としての矛盾」として解釈し直そうという提案でもある。調査・分析の文脈と、対象者の生活世界の歴史性との間の矛盾であり、この矛盾は、新しい未来を形成する原動力となりうる。たとえば、いったん完成したＴＥＭの図を対象者の世界に投げ込んで対話する機会を設けてはどうだろう。つまり、ＴＥＭの完成図や対象者の展望を揺さぶっていくようなゲーム（遊び）を設計し、図も対象者（の文脈）も変化を起こす機会をつくるのである。そこでは、調査者も図も対象者もその文脈も再び「未完のもの」となり、すべてが変容する。これは、〝**異時間が出会う遊び**〟と呼べるだろう。実にさまざまな遊びのやり方（仕掛け）やパターンが考えられる。この方法（道具）もまたオープンであり、同時にむろん、そのつどの結果もオープンである。

今後もいっそう、分岐点や等至点ありきのストーリーという積み上がった積み木を揺さぶる〝遊び〟を試みて、そもそも分岐とは何か、等至点とは何か、社会的制約とは何か、発達とは時間とは何か――いかに捉えるか――を繰り返し考えていく。このことを通して、ＴＥＡの未完結さがいっそう拡大し、異時間のゾーンが形成されて、発達研究がますます創造的なものとしておもしろくなっていくのではないだろうか。

〔香川秀太〕

[6] しかもそれはそのつどの実践により多様である。

■参考書

茂呂雄二・青山征彦・伊藤崇・有元典文・香川秀太・岡部大介（編）2012『ワードマップ 状況と活動の心理学――コンセプト・方法・実践』新曜社

5-6

ライフコースとTEA

経験のプロセスを可視化する

ライフコース研究とTEAは、人間がさまざまな経験を選択するプロセスを、社会文化的あるいは歴史的な文脈をふまえながら検討するという共通点をもっている。また、ライフコース研究は、大規模な対象者を扱い、数量的手法に基づいて法則定立的な立場にたつものの、TEAと同じく、面接に基づいた質的な手法を用いることもあり[1]、両者の間には方法論上の類似性も存在する。以下、両者の異同を論じる。

■ライフコースと人生上の出来事

ライフコースとは、個人が時間の経過のなかで演じる社会的に定義された出来事や役割の配列を意味する[1]。サンプリングにおいては、対象者の歴史的な文脈を捉えるために、一定の暦年時間においてある出来事を経験した人の集団、つまり出生コーホートという考え方を用いる。実際の研究では、結婚、出産、入学、卒業、仕事、転職、親との死別といった、多くの人が経験する**標準的出来事**あるいは、予期せぬ大病あるいは失業などの**非標準的出来事**が、人生のどの時期に生じ、どれくらい持続するかが

[1] Elder, H. Jr. & Janet, Z. Eds. 1998 *Methods of life course research: Qualitative and quantitative approaches.* Sage Publications.（正岡寛司・藤見純子（訳）2003『ライフコース研究の方法――質的ならびに量的アプローチ』明石書店）

テーマとなる。出来事は時間的な長さをもった経験過程とみなされ、たとえば生活構造あるいは生活パターン[2]といった概念のもと、当該人物がコミットする活動、自己観や世界観が分析対象になることもある。[3]また、システム論に依拠するブロンフェンブレンナー[4]の影響を受けて、当該人物にとっての重要な他者、準拠集団、コミュニティや公共政策といった空間的な視点を取り入れてもいる。

　標準的出来事の「標準」は、歴史的・社会文化的な文脈を前提にしており、「標準」的経験の有無について、善し悪しを判断することは本来できない。だが、人は標準的出来事の選択に際して、さまざまな葛藤や軋轢《あつれき》を経験する。たとえば、人が結婚をしなかったり、子どもをもたなかったりすることを決意しながらも、家族や友人、同僚、あるいはマスコミなどの社会的言説からこのような決意を翻《ひるがえ》させる圧力を感じるだろう。ライフコース研究では、このような葛藤が分析の主題になることがある。

　ライフコース研究では、扱う時間軸が長くなるために、ここにあげた出来事をすべて分析するのではなく、**転機**、すなわち、新しい対人関係や役割、自己像を獲得する出来事と対象者が同定したものに焦点があてられることもある。転機の研究は、人の人生を、漸進的な変化の連続というよりも、非連続な出来事の総体とみなそうとしている。

[2] Levinson, D. 1978 *The seasons of man's life*. New York: Knoph.（南博（訳）1992『ライフサイクルの心理学』講談社）

[3] King, G.A. 2004 The meaning of life experiences: Application of a meta-model to rehabilitation sciences and services. *American Journal of Orthopsychiatry*, 74, 72-88.

[4] Bronfenbrenner, U. 1979 *The ecology of human development: Experiments by nature and design*. Cambridge, MA: Harvard University Press.（磯貝芳郎・福富譲（訳）1996『人間発達の生態学《エコロジー》――発達心理学への挑戦』川島書店）

■ライフコース研究とＴＥＡ

ＴＥＡは、ライフコース研究と同様に、人の経験のプロセスを丁寧に記述する。たとえば、社会的方向づけや社会的助勢という概念は、人が人生上の出来事の選択をする際の、葛藤や軋轢をみるためのものである。

だが、あえていえば、ＴＥＡのほうが、ライフコース研究よりも、経験のプロセスを丁寧に可視化する仕組みができていると考えられる。ＴＥＡの**分岐点**という考え方は、転機と異なり、絶対的な意味をもっていない[5]ことからも、ＴＥＡがライフコース研究よりも、経験の変化を連続的に記述することを目指しているといえる。また、二重構造になったＴＥＭ図は、長い経験をフェーズに区分し、そのフェーズごとにいっそう詳しい可視化を可能にしている。たとえば、香曽我部[6]は、ある自治体の保育士の成長を10個のフェーズに区分し、それぞれにおける、その自治体の保育施策、地域住民、保育所内の同僚や上司との関係性をふまえて分析している。

また、ＴＥＡが、ある選択をしなかった場合のプロセスを記述していることにも意義がある。人生の語りにおいては、ある経験をしない場合の人生という**仮定法現実の語り**[7]が注目されることがある。過去のある経験をしなかった場合の人生を語ることは、必ずしも詠嘆や後悔を意味するのではない。なぜなら、中途障害者の研究においてもその意義が指摘されているように、仮定法の語りの帰結は常に未定であるがゆえに、話し手は、目標とする状態像を展開したり、現状をより豊かに解釈したりすることが

[5]サトウタツヤ・安田裕子・木戸彩恵・髙田沙織・ヴァルシナー＝ヤーン 2006「複線径路・等至性モデル――人生径路の多様性を描く質的心理学の新しい方法論を目指して」『質的心理学研究』5, 255-275.

[6]香曽我部琢 2012「小規模地方自治体における保育者の成長プロセス――保育実践コミュニティの形成のプロセスに着目して」『東北大学大学院教育学研究科研究年報』60(2), 125-152.

[7]Bruner, J. 1986 *Actual minds, possible worlds*. Cambridge, MA: Harvard University Press.（田中一彦（訳）1998『可能世界の心理』みすず書房）

可能であるからである。[8] ライフコース研究においては、このような考え方は想定されていなかった。

ただ、ＴＥＡは、非常に細かい記述をするために、障害者のきょうだい[9]、保育士の成長[6]というように、特定の経験に焦点をあてることになるのかもしれない。この点は、人生全体をみようとするライフコース研究と異なる。無論、ライフコース研究とＴＥＡの間に優劣をつけることはできず、研究目的や依拠する理論的立場によって、どちらを用いるかが決められるべきである。

■ライフサイクル

ライフコースと類似した概念である**ライフサイクル**も重要である。ライフコースは当該人物の死によって終結するのに対して、ライフサイクルには、ある人が次世代を育てるという「ジェネラティビティ（世代生成性）」という意味が込められている。狭義には親が子を育み、その子が孫を育てていくというプロセスが想定されるものの、広義には、生物学的な意味における子孫が続くことに限らない。たとえば、社会福祉専門職が後進を育て、その後進が先輩から引き継いだ仕事をさらに次の後進に渡していくこと、あるいは、セルフヘルプグループのリーダーが、後進に対してメンバーの統率や交渉の手法を教えていくことも含まれる。

実際、筆者は、関与する社会福祉のフィールドにおいて、年配の障害者から、自分

[8] Gelech, J. & Desjardins, M. 2011 I am many: The reconstruction of self following acquired brain injury. *Qualitative Health Research*, *21*, 62-74.

[9] 笠田舞 2013「知的障がい者のきょうだいのライフコース選択プロセス――中年期きょうだいにとって、葛藤の解決及び維持につながった要因」『発達心理学研究』*24*(3), 229-237.

たちの活動を継いでくれるような若い障害者が育たないという悩みを、しばしば打ち明けられる。もし、ＴＥＡを活用して、活動の過程、各メンバーの、重要な行事に対する関与などを分析すれば、その悩みを可視化でき、活動の世代間伝達の分析および改善策の検討に資することができるのではないだろうか。ＴＥＡには、関係者の内的過程のみならず、社会福祉などの施策や、社会的マイノリティに対する社会的規範を社会的助勢あるいは社会的方向づけとして分析する仕組みが整えられている。このような意味において、ＴＥＡが、個人と広義の環境との相互作用を重視する社会福祉学において有益な分析ツールになることを期待している。

〔田垣正晋〕

■参考書

グレン・H・エルダー、ジャネット・Z・ジール（編著）／正岡寛司・藤見純子（訳）2003『ライフコース研究の方法──質的ならびに量的アプローチ』明石書店

6章

TEAと接点のある研究法

6-1 ケースフォーミュレーションを考える

TEAがもたらすもの

■ケースフォーミュレーションとは

本項では、複線径路等至性アプローチ（TEA）の人生のとらえ方が、**ケースフォーミュレーション（CF）**にもたらす可能性について述べる。

CFとは「問題がどのように生じ、いかに変化し、あるいはなぜ継続し、改善には何が必要かといったことに関する仮説をたて、介入に反映させること」であり、臨床心理学的な臨床場面でクライエントの援助計画の作成や、介入の方向性を示すものである。CFには行動療法、認知行動療法が前提とする「科学者－実践家モデル」、家族療法などが前提とする「戦略モデル」をはじめ、理論的背景が異なる多くのパターンが存在するが、[1] その多くは、診断モデルにかかわる選択肢となることを志向している。[2] 診断モデルが、ある症状の束をもつ人びとを、あるカテゴリーへと分類・整理することに終始するのに対し、あらゆるCFはクライエントが環境との相互作用のなかで表す行動の布置から、その個人がもつ特徴を把握、理解しようとする。

[1] Corrie & Lane (2010) では、CFの類型として「診断由来のフォーミュレーション」「科学者－実践家モデルのフォーミュレーション」「戦略的なフォーミュレーション」「理論に駆動されたストーリーとしてのフォーミュレーション」「社会統制の手段としてのフォーミュレーション」の5つが紹介されている。
Corrie, S. & Lane,D. 2010 *Constructing stories, telling tales: A guide to formulation in applied psychology*. Karnac Books.

[2] Bruch, M., & Bond, F. (Ed). 2009 *Beyond diagnosis. Case formulation in CBT*. Chichester：New York: Wiley.（下山晴彦（編訳）『認知行動療法――ケースフォーミュレーション入門』金剛出版）

[3] 安田裕子・サトウタツヤ（編著）2012『TEMでわかる人生の径路――質的研究の新展開』誠信書房

■時間経過のなかでケースをとらえる

TEAは、文化的存在としての私たちを対象とし、人を変数や要因に分解して説明(=分析)するのではなく、時間軸上における連続性・個別性を記述して理解しようとする[3]。ヴァルシナー[4]がTEAについて「個人において相対的安定性という前提はもはやない。…個々人は、時間的安定をもたらすように、何かしらの方向に変化していくと期待され」ており、「一定期間、ある特徴において『同じような』状態を保つに過ぎない」と述べるように、臨床場面における「問題・症状」は、本来、常に変化しているものが、束の間「同じような」ものとして現れたとTEAは理解する。したがって、TEAでは「問題・症状」の発生原因を探るのではなく、どのように、それが「同じような」ものとして維持されているのかが探究されることになる[5]。

CFにTEAはどのように関わることができるだろうか。人の個別性を記述する枠組みであるという点で、TEAはCFと志向性を共有している。他方、TEAの、あらゆる出来事を動的・生成的な過程としてとらえる認識は、**家族療法**[6]を除いて、CFとは共有されていない。むしろ、多くのCFでは、認知行動療法における**機能分析**のように、静的な機能や構造がもっぱら取り上げられる。その意味で、CFにTEAを導入することは、CFに動的・生成的観点をもたらすだろう。

[4] Valsiner, J. 2012「アセスメントへの文化心理学的な新しい見方——記号媒介によるダイナミックな階層化」安田裕子・サトウタツヤ(編著)『TEMでわかる人生の径路——質的研究の新展開』(pp.192-204)誠信書房

[5] 安田・廣瀬・番田ら(2013)では「家族心理学や家族臨床において、好ましくない状態が続いていることを表すのに使われている」術語として**形態維持**が紹介されている。

安田裕子・廣瀬眞理子・番田清美・和田美香・長坂晟・サトウタツヤ・山崎優子 2013「人間の発達変容をシステムとして捉える試み——TEMを用いて」福田茉莉・安田裕子・サトウタツヤ(編)『変容する語りを記述するための質的研究法』共同対人援助モデル研究6 立命館大学人間科学研究所 5-54.

■「問題／症状」の分岐点をさぐる

TEAでは、人びとの人生の変化は**分岐点**としてとらえられる。ある臨床像をもつ人びとに「分岐点」がどのように発生したのかという、TEAの諸研究がもたらす情報は、CFの作成においても有用である。

たとえば、息子の非行に困り「立ち直らせたい」ことを主訴として来談した母親のケースを想定しよう。このケースへの介入の方向性のひとつとして、息子に非行からの立ち直りをうながすことが考えられる。この場合、TEAを援用したCFでは、過去に実際にこのクライエントが通った径路、過去のありえた分岐点と、そこでの別の径路の可能性、および「非行からの立ち直り」を**等至点**として設定した研究から導かれた未来の「分岐点」とその径路の可能性を示しつつ、現在の状況を意味づけ直していくという作業を行うことになる。

これまでTEAを臨床事例に適用した例はあまりないため、白井ら[7]の非行からの離脱過程を描いた**「出会いの構造モデル」**を例にとって説明しよう。このモデルでは、非行少年は、本人が目下の状況において「居心地よくならない」「自己実現できない」といった気づきが得られた時、人生の転回点においてふさわしい家族外の導き手やモデルとなる人物との出会いにより、立ち直りへと向かえるとされている。「出会い」はTEAにおける「分岐点」といえる。TEAでは分岐点の生成をとらえる際、人間の行動を「個別活動レベル」「記号レベル」「信念・価値レベル」の3層で発生するも

[6] Carr, A. 2006 *Family therapy: Concepts, process and practice.* (2nd edn). Chichester: Wiley.

[7] 白井利明・岡本英生・小玉彰二・近藤淳哉・井上和則・堀尾良弘・福田研次・安部晴子 2011「非行からの少年の立ち直りに関する生涯発達的研究(VI)——「出会いの構造」モデルの検証」『大阪教育大学紀要 第IV部門』*60*(1), 59-74.

のとしてとらえる。人間が非可逆な時間の流れのなかでとるさまざまな行為は、潜在的にはその人の人生径路に変化をうむものもあるが、必ず変化へと結びつくわけではない。「出会いの構造」モデルにおける「出会い」も、必ずしも新しい人との出会いではなく、もともと周囲にいた人物の価値に改めて気づくことも含まれる。TEAに即せば、「出会い」とは、自分の周囲にいる人びとを「導き手」という**「促進的記号」**として認識し、少年の人生径路を「記号レベル」そして「信念・価値レベル」へと発展させることと言い換えられる。

もっとも、非行をはじめ、本人の自発的来談がなされず、家族や周囲の人びとが来談するケースも数多い。来談者は、本人のいつ終わるともしれない問題への対処に巻き込まれ、疲弊しきって来談することになる。こうした人びとにTEAの研究結果に基づいて、将来の「分岐点」の可能性について情報提供することは、来談者に見通しを与え、現下の辛い状況をのりきるための支えとなるかもしれない。

■未来を見通すこと／ついていくこと

CFはケースにある程度の見通しを示すが、ケースの進行は目下の相互作用の結果としてできる。先述の非行ケースにおける母親の「(非行から)立ち直らせたい」という主訴も、面接過程で、「息子を元気にしたい」や、「(母親自身が)「息子を信じて待てるようになりたい」などに変わるかもしれない。そうなれば子どもの行動に変化がなくても、ケースの展開は変わる。

セラピストは、クライエントがどのような決定をするにせよ、自分が正解と考える方向性をクライエントに押しつけてはならない。CFはあくまでクライエントが自分で問題を解決していくための道具となるべきだからである[7]。安田[8]は、サトウ[9]の**トランスビュー**についての議論をふまえ、TEM図が、セラピストとクライエントの対話の媒介となり、語り手自身が歴史的・文化的・社会的に埋め込まれた自らの経験の構成プロセスを意味づけることを促すという効用を指摘している。すなわち、セラピストはクライエントの人生について聴き取り、解釈し、TEM図へとまとめる。そのようにしてできたTEM図を見ながらセラピストとクライエントが再びクライエントの人生について語りあう。この過程で、セラピストは変化しつづけるクライエントに寄り添い、その変化の伴走者となることを志向するのである。

〔松嶋秀明〕

[8] 安田裕子 2012「臨床実践への適用可能性」安田裕子・サトウタツヤ（編著）『TEMでわかる人生の径路――質的研究の新展開』(pp.171-178) 誠信書房

[9] サトウタツヤ 2012「質的研究をする私になる」安田裕子・サトウタツヤ（編著）『TEMでわかる人生の径路――質的研究の新展開』(pp.4-11) 誠信書房

■参考書
下山晴彦 2008『臨床心理アセスメント入門――臨床心理学は、どのように問題を把握するのか』金剛出版

6-2

クオリティ・オブ・ライフに接近する

時間を捨象しない人生径路の記述と包括体系的《システミック》な変容

複線径路等至性アプローチ（ＴＥＡ）の中核をなす特徴のひとつは、**包括体系的《システミック》なものの見方**であり、時間を捨象しない**人生径路《プロセス》**の記述である。すなわち、非可逆的な時間のなかで個人内－個人間が織りなす包括体系的《システミック》な変容を捉え、狭義での因果関係に還元しない点にある。本項では、時間を捨象しない人生径路の記述と包括体系的《システミック》な変容の２点をキーワードに、研究者がいかに当事者の**クオリティ・オブ・ライフ**（Quality of Life: **ＱＯＬ**）[1]に接近しうるのか、その可能性について論じてみたい。

■臨床場面におけるＱＯＬ概念

医療に関連する学問領域におけるＱＯＬ概念の大半は、**健康関連ＱＯＬ**（Health-Related QOL: **ＨＲＱＯＬ**）を指しており、「疾患や治療が患者の主観的健康感や日常的な活動、社会的活動に与えるインパクトを定量化したもの」[2]と定義されている。ＨＲＱＯＬ尺度の主な構成要素は、日常生活機能（Activity of Daily Life: ＡＤＬ）と主観的健康感（Well-being）である。医療におけるＱＯＬ概念は、治療あるいは症状改善に

[1] ＱＯＬ概念の定義に関して、日本では「生命の質」、「生活の質」、「人生の質」と示されるように、「ライフ」をどのように訳すのかによって、その概念の適応範囲や構成要素も異なる。しかし、本項では、より個人の実存に迫るという意味でも「ライフ」と記述し、生命・生活・人生を意味する「ライフ」概念の多層性を保留したうえで議論を進めたい。

[2] 福原俊一 2002「臨床のためのＱＯＬ評価と疫学」『日本腰痛学会雑誌』8, 31-37.

[3] Fayers, P. M. & Machin, D. 2000 *Quality of life: Assessment, analysis and interpretation*. Chichester: John Wiley.（福原俊一・数間恵子（監訳）2005『ＱＯＬ評価学――測定、解析、解釈のすべて』中山書店）

おけるアウトカム（結果）指標のひとつとして用いられている。[3] これまで無数のQOL尺度が作成されており、健常者を含め一般に使用される尺度から、疾病ごとに測定する尺度まで、さまざまである。

これらのQOL尺度は、患者視点を導入するという意味での**患者立脚型アウトカム**（Patient-based Outcome）と呼ばれているが、とりわけ、現在の医療では回復が難しい疾病を抱える患者を対象とした場合、多くの課題が指摘されている。ひとつは、算出されたQOL値が患者の主観的な認識と一致しない、あるいは「QOLが低い」と評価されることで患者が苦痛を感じるケース[4]であり、他方は、EQ-5Dのような効用値（QOL値[5]、ある時点から死亡時点までの健康状態を言う）の算出により、「死」よりも低いマイナスのQOLであると評価されてしまうケースである。[6] これらの課題を解決する一助として近年注目されているのが、**患者報告型アウトカム**（Patient-reported Outcome：**PRO**）である。

■患者の一人称的語りに基づくQOL評価法

患者報告型アウトカムとは、「患者自らが報告する」形式をとるアウトカム指標のことである。そのなかでも「患者の価値観を反映するQOL尺度」あるいは「項目自己生成型QOL評価法」と呼ばれているのが、**個人の生活の質評価法**（The Schedule for the evaluation of Individual Quality of Life: **SEIQOL**[7]）である。オーボイル[8]は、Q

[4] Neudert, C., Wasner, M. & Brorasio, G. D. 2001 Patients' assessment of quality of life instruments: A randomized study of SIP, SF-36 and SEIQoL-DW in patients with amyotrophic lateral sclerosis. *Journal of the Neurological Sciences, 191*, 103-109.

[5] 効用値を用いたQOL尺度は、医療技術の「費用・効果分析」において主に用いられる。効用値の測定法のひとつである時間得失法（Time Trade-Off: TTO）では、ある健康状態iで過ごす任意の年数t年（例：10年）と等価になるような、健康年数xを尋ねる（池田2001）。健常者が重篤な病態を想像し、健康年数を低く価値づけることで、マイナスの効用値（「死」を0とする）が算出される場合もある（詳細はサトウ2010を参照）。

池田俊也 2001「効用理論」池上直己・福原俊一・下妻晃二郎・池田俊也（編）『臨床のためのQOL評価ハンドブック』(pp.14-20) 医学書院

ＯＬ概念を「個人内・個人間で異なる主観的問題を包含する多次元的な構成概念」と捉え、ＳＥＩＱＯＬを開発した。ＳＥＩＱＯＬの特徴として、（１）共通性よりは具体性を重視する、（２）家族や周囲の人びととの相互作用を重視する、（３）構成要素の相対的重要度（重みづけ）を考慮する、があげられている。「あなたのＱＯＬにとって重要な領域は何ですか？」という研究者の問いに患者が回答するかたちでＱＯＬ評価プロセスが進行する（「ＳＥＩＱＯＬ日本語マニュアル暫定版」[9]の手順については、表６－１を参照のこと）。

　福田・サトウ[10]は、本評価法を用いて、筋ジストロフィー患者を対象とした継時的調査を実施した。ある患者を対象にＳＥＩＱＯＬ－ＤＷを年に１回、計３回実施したところ、**患者の個人的なＱＯＬ**（Individual Quality of Life: **ｉＱＯＬ**）の質的な変容を捉えることができた（図６－１）。図のように、病いの進行や生活環境の変化、ライフイベントの発生により、ＱＯＬに関連する領域そのものが変わった場合もあれば、領域そのものに変化はなくとも、個人にとっての価値づけが変容する場合もあった。

表６－１　ＳＥＩＱＯＬ－ＤＷの手順（大生・中島, 2007）[9]

	手続き	注意事項
step 1	「現時点であなたの生活にとって重要な領域は何ですか。5 つ挙げてください」 調査対象者の QOL に重要な生活領域（項目）を 5 つ挙げてもらう	このとき領域（項目）の定義と具体的な内容を明らかにする
step 2	各領域（項目）の充足度 (Level) を評価する	視覚的アナログ尺度 (visual analog scale) を用いて、記録用紙に記入
step 3	各領域（項目）の相対的重要度 (Weight) を評価する	5 色に色づけされた専用のカラーディスクを用いて、重みづけを色で表現してもらう
step 4	各領域（項目）の Level と Weight を掛け合わせたものを SEIQOL Index として数値化する	($0 \leqq x \leqq 100$ で数値化される)

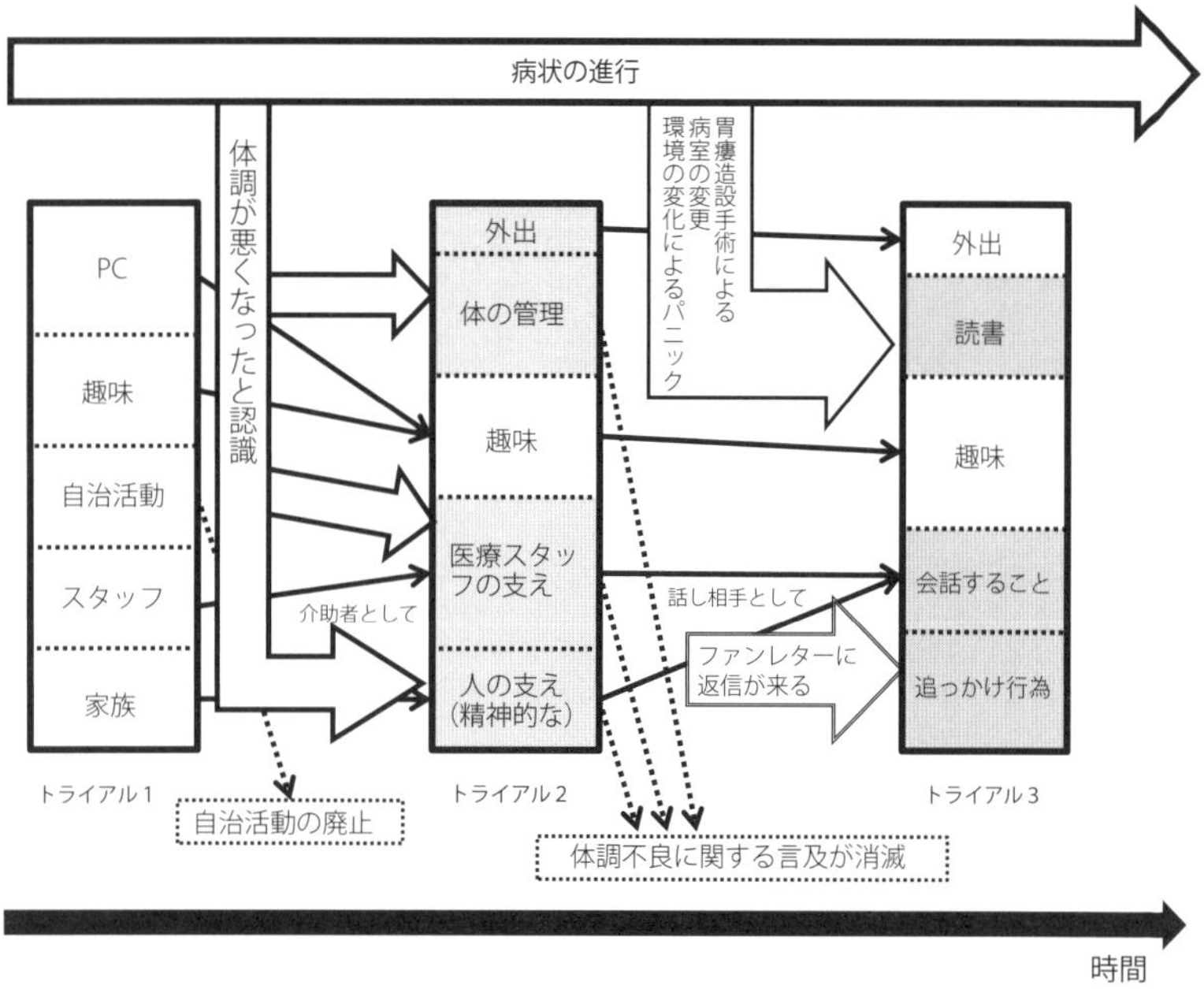

図6-1　ｉＱＯＬの変容と関連するライフイベント（福田・サトウ，2012[7]内文献）
網掛け部分は変容した領域を示す。

図ではある患者のｉＱＯＬの変容について時間軸を用いて示した。調査期間内に生じたｉＱＯＬの変容と個人のライフイベントとの関連性を図示したものである。たとえば、病気の進行にともなう体調不良は、体の管理やサポートの重要性を認識させ、患者のｉＱＯＬに占める健康や病いに関する領域の割合が増加する（あるいはｉＱＯＬに重要な領域として新たに発生する）［領域（項目）の変容］。また「スタッフ（医療スタッフ）」という存在は、トライアル1では、領域として発生しているが、調査毎に、介助者としての重要性から話し相手としての重要性へとその価値づけが変容している。

サトウタツヤ 2010「ＱＯＬ、再考（死よりも悪いＱＯＬ値を補助線として）」『生存学』2, 71-191.

[6] サトウ 2010 前掲書

[7] 個人の生活の質評価法（ＳＥＩＱＯＬ）は、相対的重要度の異なる2種類の方法が開発されている。ひとつは、判断分析法（SEIQOL-Judgment Analysis: SEIQOL-JA）であり、他方は、直接的重みづけ法（SEIQOL-Direct Weighting: SEIQOL-DW）である。ＳＥＩＱＯＬ・ＪＡの簡易版としてＳＥＩＱＯＬ・ＤＷが開発された。しかし日本では、患者の負担が少ないＳＥＩＱＯＬ・ＤＷの日本語マニュアルが先に作成されており、ＳＥＩＱＯＬ・ＪＡについては現在作成中である。なお、福田・サトウ（2012）の調査では、ＳＥＩＱＯＬ・ＤＷが使用された。
SEIQOL-DW 日本語版事務局ＨＰ http://seiqol.jp/
福田茉莉・サトウタツヤ 2012

■人生径路《プロセス》と患者の省察的な語りのなかに立ち現われる「ライフ」の質

SEIQOLの主な特徴のひとつは、QOL概念を個人と個人を取り巻く他者や環境との相互作用により構成される概念であると定義し、QOLの個別具体性を重視した点にある。そのため、患者の経験の語りをQOL評価プロセスに内包し、より包括体系的《システミック》な視点から患者のiQOLを明らかにすることを可能にしている。福田・サトウ[11]の事例は、まさに「時間を捨象しない人生径路《プロセス》に立ち現われた患者のiQOLの記述」と捉え直すことができるだろう。あるときは、病棟における患者の重症化による自治活動の廃止がiQOL領域の消滅というかたちで患者のiQOLに影響を与え、あるときは、体調不良という認識が患者のiQOLに病いや健康に関連する領域の増加をもたらした。このようなiQOLの変容は、患者のナラティヴに表れる「いま‐ここ」にある患者の「ライフ」を直接的に反映している。それと同時に、非可逆的時間のなかでこれらのiQOLのダイナミクスを記述することで、ある患者の「ライフ」を構成する領域間の相互性だけでなく、多層的な「ライフ」そのものの変容を示すことができる。

さらに患者の経験の語りに基づくQOL評価プロセスは、患者‐研究者間、すなわち当事者‐非当事者間の対話プロセス、TEAの理論にしたがうならば、文化‐非文化に属する者間の対話のなかで構築されるものである。ヴァルシナー[12]は、文化心理学における実験方法の包括的構造を3ステップで図式化している（図6‐2）。既存の

「神経筋難病患者の Individual QOL の変容――項目自己生成型 QOL 評価法である SEIQOL-DW を用いて」『質的心理学研究』*11*, 81-95.

[8] O'Boyle, C. A., McGee, H. M., Hickey, A., Joyce, C. R. B. Browne, J. O'Malley, K. & Hiltbrunner, B. 1993 *The Schedule for the Evaluation of Individual Quality of Life (SEIQoL): Administration manual.* Dublin: Department of Psychology, Royal College of Surgeons in Ireland.

O'Boyle, C. A. 1994 The Schedule for the Evaluation of Individual Quality of Life (SEIQoL). *Journal of Medical Health, 23*, 3-23.

[9] 大生定義・中島孝（監訳）2007「個人の生活の質評価法（SEIQoL）生活の質ドメインを直接的に重み付けする方法（SEIQoL-DW）実施マニュアル日本語版」（暫定版）

「SEIQoL-DW 日本語版（暫

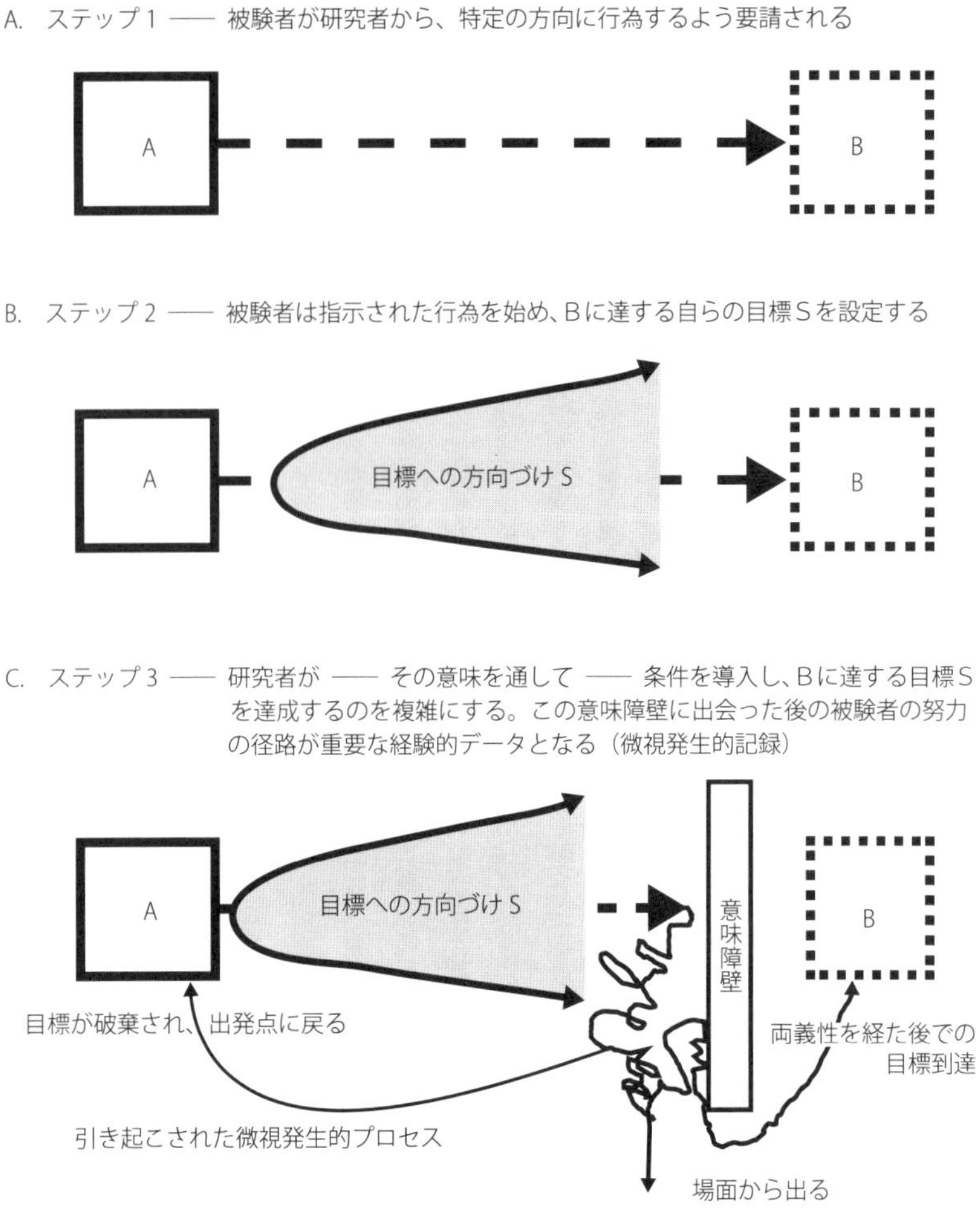
A.　ステップ1 —— 被験者が研究者から、特定の方向に行為するよう要請される
A
B
B.　ステップ2 —— 被験者は指示された行為を始め、Bに達する自らの目標Sを設定する
A
目標への方向づけS
B
C.　ステップ3 —— 研究者が —— その意味を通して —— 条件を導入し、Bに達する目標Sを達成するのを複雑にする。この意味障壁に出会った後の被験者の努力の径路が重要な経験的データとなる（微視発生的記録）
A
目標への方向づけS
意味障壁
B
目標が破棄され、出発点に戻る
両義性を経た後での目標到達
引き起こされた微視発生的プロセス
場面から出る

図6-2　文化心理学における実験方法の包括的構造
（Valsiner, J. (2007) [12] p.468 より抜粋）

QOL尺度は、研究者による研究意図あるいは標準化プロセスを経るため、研究者基準のQOL評価が実施される。そのため、患者は質問項目に対して、自分ができるか否かを回答するだけでよい（ステップ1で評価プロセスが終了する）。しかし、SEIQOLの場合、研究者からの方向づけは、「あなたにとって重要な領域は何ですか？」という問いの呈示のみであり、患者自らが日常生活を省察し、QOLとして重要となる領域を選定しなければならない（ステップ2：目標への方向づけ）。そして、研究者との対話プロセスを経て（ステップ3）、QOL評価が可能となる。この包括的構造のなかで構成される患者のiQOL研究は、研究者－患者が共同探究者となることを容認するだけでなく、研究者自身が意味障壁[13]となって患者の目標到達プロセスに参入することで、患者のライフの有り様により接近することを可能にするだろう。

QOL研究にiQOLがもたらす視座は、当事者のライフを「疾病を抱える人のライフ（Patient Life）」から、「多層的なライフの一部として、健康や疾病が構成されている状態（Life with Illness）」へと認識論的転換を促すものであり、当事者のナラティヴを通して、研究者自身がその様相を内化するプロセスでもある。その意味でiQOL研究は、TEAが志向する実存的なアプローチ（科学的な因果関係とは異なる包括体系的《システミック》な方法論）と合致している。当事者のライフの多層性を考慮し、包括体系的《システミック》な関係性と人生径路《プロセス》のなかでQOLを捉え直すことで、より当事者に寄り添った医療や支援のあり方を議論することができる。

（福田茉莉）

定版）について」http://www.niigata-nh.go.jp/nanbyou/annai/seiqol/SEIQoL-JAP0703WEB.pdf（２００９年5月20日）

[10] 福田・サトウ 2012 前掲書

[11] 福田・サトウ 2012 前掲書

[12] Valsiner, J. 2007 *Culture in minds and societies: Foundations of cultural psychology.*（サトウタツヤ（監訳）2013『新しい文化心理学の構築――〈心と社会〉の中の文化』新曜社）

[13] 患者が日常生活からQOLを再構成するとき、研究者との対談やSEIQOLというツールにより、何らかの意味変化（意味障壁）が差し挟まれている。

■参考書

P・M・フェイヤーズ、D・マッキン／福原俊一・数間恵子（訳） 2005『QOL評価学――測定、解析、解釈のすべて』中山書店

6-3 混合研究法とＴＥＡ

組み合せのシナジー効果

本項では、**混合研究法**（Mixed Methods Research）という視点から人間科学の研究アプローチとしてのＴＥＡの可能性を探ってみたい。

混合研究法とは、社会科学の研究アプローチとして90年代以降本格的に理論化が進んだ質的研究と量的研究のハイブリッドである[1]。混合研究法の定義は研究者によってまちまちであるが、クレスウェルとプラノ・クラーク[2]は、混合研究法を次のように特徴づけている。「混合研究法とは哲学的前提および調査方法を兼ね備えた研究デザインの一形態である。**方法論**（methodology）として、研究プロセスの多くの段階において質的・量的アプローチのデータ収集、分析、および混合の方向性を導く哲学的前提を備え、**方法**（method）として、単一もしくは一連の研究において、質的・量的両方のデータを収集、分析、統合することに焦点をあてる。混合研究法がもつ重要な前提は、量的・質的アプローチを組み合わせて使用することで、どちらか一方の研究アプローチを使用したときよりも研究課題に関するより良い理解が得られるというものである」（p. 5: 傍点部筆者）。

[1] 近年は、単一の研究のなかで複数の質的研究手法を用いるアプローチも混合研究法として議論されることがあるが、ここではあくまで質的・量的研究手法の統合として混合研究法を捉える。

[2] Creswell, J. W. & Plano Clark, V. L. 2007 *Designing and conducting mixed methods research.* (1st ed.). Thousand Oaks, CA: Sage.

[3] 2つの混合研究法の類似点と相違点についての詳細は、ホウ(2004)を参照されたい。なお、解釈主義の立場から、ホウは実験主義的混合研究法をポスト実証主義の延長と批判している。
Howe, K. R. 2004 A critique of experimentalism. *Qualitative Inquiry, 10*, 42-61.

[4] Hesse-Biber, S. N. 2010 *Mixed methods research: Merging theory with practice.* NY: Guilford Press.

[5] 安田裕子・サトウタツヤ（編著）2012『ＴＥＭでわかる人生

■混合研究法の2つの流れ

近年、混合研究法は大きく分けて2つの流れに分類される。ひとつは、ポスト実証主義に依拠した**実験主義的混合研究法**（Mixed-Methods Experimentalism）であり、もう一方は、解釈主義に依拠した**解釈主義的混合研究法**（Mixed-Methods Interpretivism）である。[3] 後者の流れは、後にフェミニスト・アプローチ、ポストモダン・アプローチも含めた質的アプローチ全般の視座から混合研究法の実践を行うものとして、**質的研究主導型混合研究法**（Qualitatively-Driven Mixed Methods: 以下**QDMM**）[4]として発展している。QDMMは、一方で「リアリティ」は社会的に構築されるものという哲学的前提をもちながら、もう一方で客観性を否定しない立場を採る。つまりこれは、客観性重視の**ポスト実証主義**と主観性重視の**解釈主義**の中間的立場といえる。文化心理学を哲学的基盤とするTEAは、一方で現象に個別記述的にアプローチすることで固有な経験のもつ特殊性を描きつつ、もう一方で開放システムとしての人間発達がもつ普遍性に切り込む。TEAのもつこの存在論的・認識論的立場は、この研究アプローチをQDMMの一形態として議論することを可能にする。

TEAは、文化とともにある人間を描いていくアプローチであり、**歴史的構造化ご招待**（**HSI**）、**複線径路等至性モデル**（**TEM**）、そして**発生の三層モデル**（**TLMG**）から構成される。[5] 以下では、質的研究としてのTEAが量的研究とどのようなコラボレーションをすることで、QDMMになりえるかについて検討してみたい。

の径路――質的研究の新展開』誠信書房
なお、現在、「歴史的構造化サンプリング（HSS）は、歴史的構造化ご招待（HSI）へと名称替えがなされている。「1-1 複線径路等至性アプローチ（TEA）」を参照。

[6] 看護研究者ジャニス・モース（Janice Morse）によるデザイン表記。QUAL/qual は質的研究を、QUAN/quan は量的研究を表す。大文字表記は研究において主要な役割を担うことを示す。一方、小文字表記は研究において補足的役割を担うことを示す。＋はデータ収集・分析を同時に行うことを、→は順次的に行うことを意味する。後にプラノ・クラークによって、質または量のデータ収集が、もう一方のデータ収集・分析に埋め込まれていることを意味する、（ ）の表記が加えられた。

[7] 並列的デザインはこれまで、質的・量的研究結果の一致度を確認するトライアンギュレーションの目的で用いられる

■質的研究主導型混合研究法（QDMM）の研究デザイン

QDMMには、大きく分けて以下の3つのデザインがある。それらは、並列的デザイン（Parallel Design: QUAN + QUAL）[6]、順次的デザイン（Sequential Design）、そして埋め込みデザイン（Embedded Design: QUAL（quan））である。並列的デザインを除くすべてのデザインにおいて主要部分は質的研究部分となり、量的研究部分は常に補足的な役割を担うこととなる。なお、並列的デザインは一般的にトライアンギュレーションの目的で使用されるため、経験の多様性を描こうとするTEAとの適合性の低さから、以下の議論からは除外する。[7]

QDMMの**順次的デザイン**は、質的研究に主要な役割を付与したうえで、質的・量的データの収集・分析を段階的に行うというものである。順次的デザインにはさらに2つの下位デザインがあり[8]、これらは、最初に量的研究を行い、その結果をより深く理解するために質的研究によってフォローアップする**説明的デザイン**（Explanatory Design: quan → QUAL）と、質的研究によって仮説を生成し、それを量的研究によって検証する**探索的デザイン**（Exploratory Design: QUAL → quan）[9]である。まず、説明的デザインは**歴史的構造化ご招待**（HSI）の段階において有用であり、質問紙調査の結果に基づきTEAの研究目的にもっとも合致した経験をもつ個人を選択することを可能にする。たとえば、がん患者の補完代替医療（Complementary and Alternative Medicine: CAM[10]）使用の意思決定プロセスにおいて、「CAMを使用する」（EFP）

のが一般的であった。しかし近年は、質的・量的研究の結果の齟齬から考察を深化する目的でも使用されるようになってきている。トライアンギュレーションについては、『実践編』「4-4 KJ法とTEM」の［5］を参照。

[8] 順次的デザインの応用として、質的研究による仮説生成と量的研究による仮説検証が長期間にわたって繰り返される多層的デザイン（"Wave" Model）もある。

[9] 心理尺度の開発用のデザインとしても用いられる。

[10] 西洋医学を基礎とする通常医療には含まれない、必ずしも科学的根拠があるといえない種々の医学・医療形態である。

[11] 母集団に含まれるすべての人について、サンプルに選ばれる確率が等しい標本抽出法のこと。単純無作為抽出法、確率系

と「ＣＡＭを使用しない」（Ｐ－ＥＦＰ）に至る複線径路をＴＥＭ（複線径路等至性モデル）によって描きたいと考えたとしよう。その場合、はじめに確率標本抽出法[11]を用いて得たより多くの偏りのないがん患者のサンプルに対し質問紙調査を行い、その結果に基づき今度は、ＨＳＩの段階として、ＴＥＡの研究課題を理解するうえでより豊かな経験をもつと思われるＣＡＭ使用者とＣＡＭ非使用者を、インタビューのために合目的に選択することができる。一方、探索的デザインは、ＴＥＡの結果から得た知見を検証するうえで有用である。たとえば、ＣＡＭの使用に至った患者の多くのＢＦＰが「通常医療に不満をもつ」であることがＴＥＭによって明らかになったとしよう。この結果に基づき研究者は、「通常医療への不満ががん患者のＣＡＭ使用の要因である」という仮説を立て、確率標本描出法を用いてサンプリングした不特定多数のがん患者への質問紙調査によってこの仮説を検証するとともに、「不満」の具体的な内容についても選択式または自由記述式項目によって広く探ることができる。

　埋め込みデザインでは、主要となる質的研究の一部として量的研究が組み込まれる形となる。ライフヒストリーとしてＴＥＭ図を描く場合、**社会的方向づけ**（ＳＤ）と**社会的助勢**（ＳＧ）をよりマクロ社会的・客観的な視点から表現するためにこのデザインを用いることが可能である。たとえば、国内外で起きた出来事（国内における政策や制度の施行や廃止、グローバルに展開する経済活動、国家間紛争など）が新聞・雑誌などのメディアを通してどのように取り上げられ、どのような社会的言説を生み出し

統的抽出法、層化抽出法、多段抽出法などが含まれる。

[12]樋口（2014）は計量テキスト分析を次のように定義付けている。「計量分析とは、計量的分析手法を用いてテキスト型データを整理または分析し、内容分析（content analysis）を行う方法である。計量テキスト分析の実践においては、コンピュータの適切な利用が望ましい」（p.15）。

　樋口耕一 2014『社会調査のための計量テキスト分析——内容分析の継承と発展を目指して』ナカニシヤ出版

[13]登山（2013）によるＴＥＡ研究は、日本国籍・日本名保持者である中華学校卒業生の華人の若者たちが、メディアによって報道される中国の出来事や、日本と中国との間に起きる政治的・経済的軋轢の報道によって、自尊心や文化的アイデンティティを大きく揺さぶられる経験をしていることを明らかにした。マクロの出来事によって生成された中国・中国人に対す

ているのかを**計量テキスト分析**[12]で解析し、それぞれの出来事に付与された社会的意味やイメージと調査協力者の経験との間の相互作用を時間軸に沿って記述することができよう。マクロ的現象（たとえば日中関係）がミクロ的現象（たとえば中国にルーツをもつ日本の若者の文化的アイデンティティの形成）にいかに影響を与えるかに切り込むようなTEA研究においては、埋め込みデザインを用いることでミクロとマクロの世界をより客観的に接合することが可能となる。[13]また、計量テキスト分析を用いた埋め込みデザインは、メディアによって生成されるマクロレベルの言説と特定の記号の発生の関係を可視化するうえでも有益であると考えられ、TLMGの分析にも資するものであるといえる。

■量的・質的研究の組み合わせのシナジー効果

本項の冒頭で触れたように、クレスウェルらは量的・質的研究の組み合わせにより、単一の研究アプローチを使用したときよりも研究課題に関するよりよい理解が得られることを、混合研究法を実施するうえでの重要な意義として位置づけている。前述の例が示すように、TEAをQDMMのデザインに組み込んで実施することは、混合研究法が期待するこのシナジー効果を達成するうえで、多様な可能性を有するものであるといえる。

〔抱井尚子〕

るネガティブな言説は、華僑の若者たちが中国的アイデンティティ（調査協力者たちがそれぞれに抱く中国のイメージに基づくアイデンティティ）を構築していくうえでSDとして働く機能をもっていた（例：ダンボール肉まん報道、尖閣領土問題など）。なお、本研究そのものは計量テキスト分析を用いた埋め込みデザインではないが、TEAを用いた混合研究法の可能性を考えるうえで示唆に富む研究であるといえる。

登山笑蘭 2013「中国にルーツを有する若者のアイデンティティ形成過程──中華学校卒業生を対象とする質的研究」青山学院大学国際政治経済研究科国際コミュニケーション専攻修士論文

■参考書

クレスウェル、J.W.、プラノ・クラーク、V.L／大谷順子（訳）2010『人間科学のための混合研究法──質的・量的アプローチをつなぐ研究デザイン』北大路書房

あとがき

本書『ワードマップ　ＴＥＡ　理論編』は、ワードマップシリーズの１冊であると同時に、ＴＥＡ（複線径路等至性アプローチ）という名前を冠した初めての本である。と同時にこれまで私たちが世に問うてきたＴＥＭ（複線径路等至性モデル）に関しては３冊目の本である。しかもありがたいことに、４冊目として『ワードマップ　ＴＥＡ　実践編』との同時発売となっている。

ＴＥＡ（複線径路等至性アプローチ）はデンマーク・オールボー大学のヤーン・ヴァルシナー教授が、等至性という概念を発達心理学に取り入れようと考えたアイディアに遡《さかのぼ》る。最も早かったのは１９９９年であろうか。その後、彼が立命館大学の招聘教授として来日した２００４年以降、協同作業が進み、方法論として急速に発展してきた。

この考え方の豊かさとそれをもとにした成果については、２冊の本で十分に展開しているので繰り返さないが、私たちがみなさんに誇りたいのは、ネットワークの豊かさである。名も無い時代のＴＥＭに関心をよせて熱心に研究会に参加してくれた人たち、その方々が、自分の関心興味を研究にしようと格闘するなかで、さまざまな概念が生まれ、TEA（複線径路等至性アプローチ）を豊かにしてきたのである。また、海外でTEA（複線径路等至性アプローチ）を使っている研究者のみなさんに寄稿していただいたこと、日本における論客のみなさんにTEA（複線径路等至性アプローチ）を論じていただいたことも、（特に理論編の）内容を豊かにすることになった。ここで、TEA（複線径路等至性アプローチ）に関わるすべての方に感謝を捧げたい、

さて、本書はもともとワードマップシリーズの1冊の本として構想していたのであるが、より多くの方に参加いただくという編者の方針と、成果であるTEM図が必須であることから、ボリュームが大部なものになってしまった。この難題に対して、2分冊という大胆な解決策を提案してくれたのが新曜社 塩浦暲社長である。いつもながらの丁寧な作業に編者を代表して感謝したい。

読者のみなさんにおかれては、【理論編】、【実践編】を座右におき、TEA（複線径路等至性アプローチ）の考え方に親しんでほしい。なお、2冊の本には、一部重なりがあったり、訳語がずれていたり、場合によっては、正反対のことが書かれていることがある。これらについて、統一がないと捉えるのではなく、柔軟であると捉えてほしい。多くの人が言及することは、それだけ重要であることを示しているし、論点が対立する言及は、それが重要な論点であることを示している。2冊の本を教典・聖典として捉えるのではなく、そこから読者のみなさんが自分で考えていってほしいのである。いずれにせよ、本は出版されてしまえば読み手のものである。自由に使いこ

なしてほしい。

あとがきの蛇足

ＴＥＡに関心を持っている人たちが登録しているメーリングリストがある。関心のある方はＴＥＡのウェブサイトから連絡をとってほしい。(https://sites.google.com/site/kokorotem/)

また、今回の二冊の出版にあたって多くのメーリングリストメンバーに校正をお手伝いいただいた。記して感謝したい。

２０１５年2月

サトウタツヤ

索　引

■た行

■な行

■ら行

アナ・セシリア・バストス（Ana Cecília Bastos）サルヴァドール大学 教授［4-6］
上田敏丈（うえだ　はるとも）名古屋市立大学大学院人間文化研究科 教授［4-6（共訳）］
山本聡子（やまもと　さとこ）名古屋柳城短期大学 講師［4-6（共訳）］
石盛真徳（いしもり　まさのり）追手門学院大学経営学部 教授［5-1］
曽山いづみ（そやま　いずみ）神戸女子大学心理学部心理学科 助教［5-2］
三田地真実（みたち　まみ）星槎大学大学院教育学研究科 教授［5-3］
香川秀太（かがわ　しゅうた）青山学院大学社会情報学部 准教授［5-4, 5-5］
田垣正晋（たがき　まさくに）大阪公立大学現代システム科学研究院 教授［5-6］
松嶋秀明（まつしま　ひであき）滋賀県立大学人間文化学部 教授［6-1］
*** 福田茉莉**（ふくだ　まり）岡山大学医歯薬学域 助教［6-2］
抱井尚子（かかい　ひさこ）青山学院大学国際政治経済学部 教授［6-3］

執筆者一覧（執筆順、*は編者）

*サトウタツヤ（佐藤達哉）立命館大学文学部 教授［1-1, 1-2, 1-3（共著）, 1-4, 1-5, 4章（監訳）］

神崎真実（かんざき まみ）立命館大学立命館グローバル・イノベーション研究機構 助教［1-3（共著）, 4-1（訳）］

*安田裕子（やすだ ゆうこ）立命館大学総合心理学部（教授）［2-1, 2-2, 2-3, 2-4］

森 直久（もり なおひさ）札幌学院大学人文学部 教授［3-1］

白井利明（しらい としあき）大阪教育大学教育学部 名誉教授［3-2］

中村和夫（なかむら かずお）京都橘大学 教授［3-3］

能智正博（のうち まさひろ）東京大学大学院教育学研究科 教授［3-4］

渡邊芳之（わたなべ よしゆき）帯広畜産大学人間科学研究部門 教授［3-5］

*滑田明暢（なめだ あきのぶ）静岡大学学術院融合・グローバル領域 講師／立命館大学立命館グローバル・イノベーション研究機構 補助研究員［4章（監訳）］

ヤーン・ヴァルシナー（Jaan Valsiner）オールボー大学 教授［4-1］

ヒューバート・ハーマンス（Hubert Hermans）ナイメーヘン・ラドバウド大学 名誉教授［4-2］

田 一葦（でん いちい）立命館大学大学院文学研究科博士前期課程［4-2（訳）］

アグニエスツカ・コノプカ（Agnieszka Konopka）コンポジションワーク, オランダ国際対話的自己研究所 ディレクター［4-3（共著）］

ウィム・ヴァン・ビーアス（Wim van Beers）コンポジションワーク ディレクター［4-3（共著）］

川本静香（かわもと しずか）京都精華大学共通教育機構 准教授［4-3（訳）］

タニア・ジトゥン（Tania Zittoun）ヌーシャテル大学 教授［4-4］

木戸彩恵（きど あやえ）関西大学文学部 教授［4-4（訳）］

カトリン・クラセップ（Katrin Kullasepp）タリン大学 准教授［4-5］

春日秀朗（かすが ひであき）福島県立医科大学医学部 助教［4-5（訳）］

ワードマップ
TEA 理論編
複線径路等至性アプローチの基礎を学ぶ

初版第1刷発行 2015年 3月25日
初版第4刷発行 2023年12月15日

編　者 安田裕子・滑田明暢・福田茉莉・サトウタツヤ

発行者 塩浦　暲

発行所 株式会社 新曜社
101-0051 東京都千代田区神田神保町3-9
電話 (03)3264-4973(代)・FAX (03)3239-2958
e-mail：info@shin-yo-sha.co.jp
URL：http://www.shin-yo-sha.co.jp/

印　刷 メデューム
製　本 イマキ製本所

ISBN978-4-7885-1429-4 C1011